LIMITED-PEL.

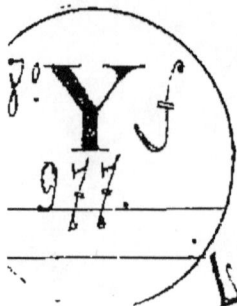

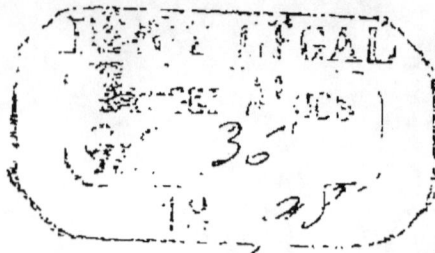

LES

SOUBRETTES

DE

MARIVAUX

PAR

EDMOND SAMBUC

Barcelonnette

Imp. A. ASTOIN

—

1898

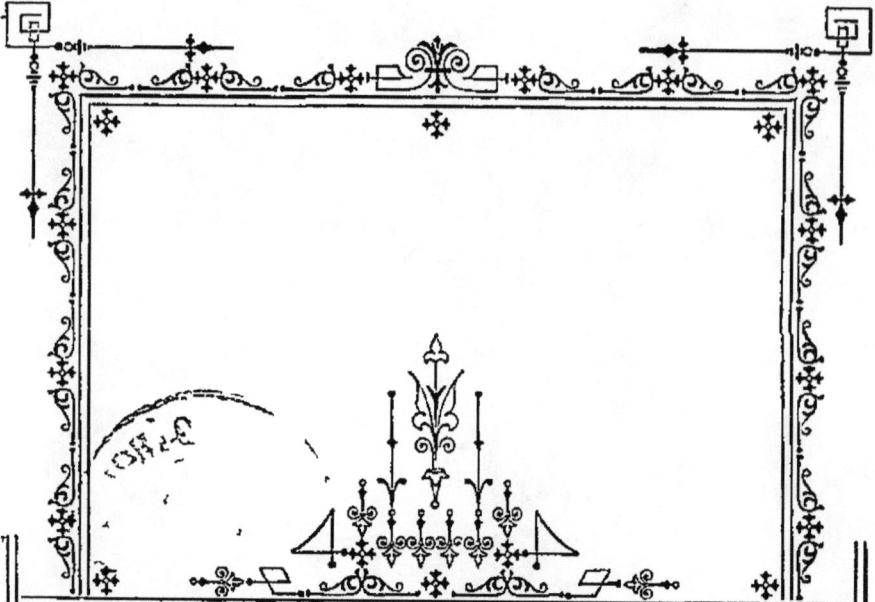

LES
SOUBRETTES
DE MARIVAUX

LES SOUBRETTES DE MARIVAUX

LES
SOUBRETTES
DE MARIVAUX

PAR

Edmond SAMBUC

BARCELONNETTE

Imprimerie Typographique A. ASTOIN

—

1898

PRÉFACE

Dans les théâtres de la Grèce ou de Rome, quand un personnage paraissait sur la scène, les spectateurs savaient tout de suite à quoi s'en tenir. Le masque les avertissait ; c'étaient Hercule, le Cyclope, Mercure, Bacchus ; avant que l'acteur eût parlé, on connaissait sa biographie, celle de ses ancêtres et celle de ses descendants. Aussi l'action était-elle peu de chose ; l'auteur pouvait philosopher à son aise, jusqu'à ce qu'il lui parût bienséant de mettre un terme à ses analyses psychologiques, pour ne pas abuser de la patience du public.

La Comédie italienne, avec ses personnages légendaires figés dans des attitudes immuables, avec Pierrot toujours gouailleur, le Commissaire

toujours battu et Arlequin toujours triomphant,
ne s'écarta pas beaucoup de la tradition antique,
si parva licet componere magnis. Au XVIIe siècle,
le théâtre français voulut s'émanciper. Mais quelle
que fût la hardiesse de Molière lui-même, il osa
rarement représenter un père qui ne s'opposât
point aux inclinations de sa fille, ou un fils qui
ne considérât avec convoitise l'héritage paternel
et qui ne trouvât un valet tout disposé à seconder
ses ténébreux desseins. Ce valet, Mascarille ou
Scapin, n'était lui-même qu'un nouvel avatar des
esclaves antiques, auxquels il eût pu en remontrer
en fait d'absence de scrupules et d'élasticité de
conscience. A côté du valet, Molière plaça une
suivante, qui fut invariablement dévouée aux
intérêts de sa jeune maîtresse, et qui se chargea
tout à la fois de penser et d'agir pour celle-ci.

Que l'on se rappelle les principales soubrettes
du théâtre de Molière ; toutes à première vue
se ressemblent, toutes sont hardies, décidées,
promptes à l'attaque comme à la riposte ; toutes
combattent pour défendre la passion de leur
maîtresse, si l'on peut appeler passion le sentiment si confus qui fait à peine battre le cœur des
jeunes filles de Molière, à l'exception d'Agnès.

Les héroïnes de Molière, en effet, sont dépourvues
de volonté, quand elles sont jeunes, s'entend ;
elles ont besoin de s'appuyer sur un caractère
plus ferme, plus résolu, plus masculin, pourrait-
on dire, et, sans la présence de leurs suivantes,
qui sont aussi leurs amies, elles se laisseraient
décourager et « tartufier » sans mot dire. Les
suivantes, qui d'instinct sont toujours du côté de
la jeunesse et de la faiblesse, sont là qui veillent
et qui prennent les intérêts de Clitandre ou
d'Ergaste, quand Ergaste ou Clitandre, à la suite
d'un malentendu, sont sur le point de perdre
leurs positions. Il y a quelques notaires dans le
théâtre de Molière. On les voit arriver au dénoù-
ment, avec leurs besicles et leurs serviettes, pour
le plus grand triomphe de la morale alarmée. Il
n'y en aurait aucun, sans les soubrettes qui n'ont
épargné ni temps, ni peine pour leur faciliter
l'accès de la maison.

Marivaux a osé rompre avec la tradition. Ses
pères ne sont plus uniquement occupés à persé-
cuter leurs filles et leurs fils ; les valets ne sont
pas invariablement des fripons ; les soubrettes
surtout ne sont plus les agents d'affaires, d'affaires
de cœur, de leurs jeunes maîtresses. Elles ont

des prétentions personnelles ; elles chassent pour
leur propre compte ; elles ne craignent pas de
desservir leurs maîtresses, de traverser leurs
inclinations, de combattre leurs projets d'union.
C'est en cela surtout, nous semble-t-il, que consiste
l'originalité de Marivaux.

L'originalité de Marivaux ! Il peut paraître
téméraire de dire qu'en plein XVIIIᵉ siècle, un
successeur de Molière a pu s'écarter de ses
traces et conserver un caractère propre, une
individualité saisissante M. Doumic reconnaît
cependant que Marivaux a été original ; mais, à
l'en croire, c'est seulement parce qu'il s'est
·contenté de représenter des honnêtes gens (¹).
Il y aurait beaucoup à dire sur cette appréciation.
Pour nous, l'originalité de Marivaux n'est pas là.
Elle consiste dans la façon toute nouvelle dont il
a dépeint les caractères de soubrettes. Alertes,
désintéressées, dévouées à leurs maîtresses, aussi
lestes de la main que de la langue, quelque peu dé-
lurées jusqu'alors, elles deviennent avec Marivaux
cupides, hypocrites, légèrement dévergondées.
Nous voudrions tous avoir à notre service une

(1) *Histoire de la Littérature Française*, p. 434.

Dorine ou une Toinette; nous hésiterions à introduire dans notre ménage l'éternelle Lisette de Marivaux, et le jour de la cérémonie nuptiale serait sans doute le dernier où nous aurions recours aux bons offices d'un auxiliaire si compromettant.

LES

SOUBRETTES DE MARIVAUX

I

La a soubrette de Molière a pour fonction principale de favoriser les amours de sa jeune maîtresse et du prétendant que des parents inhumains refusent de lui accorder pour mari. C'est, en effet, un trait qui n'a pas été assez remarqué : les intention des jeunes gens, chez l'auteur des *Femmes savantes*, sont toujours pures ; ils ne visent

qu'au mariage, et c'est ce qu'il ne faut pas se
lasser de répéter à ceux qui accusent d'im-
moralité le théâtre de Molière. Il en résulte
que les soubrettes, qui encouragent de si
honnêtes desseins, ont droit à toute notre
sympathie. Une d'entre elles seulement,
Marinette, ne semble pas d'un désintéresse-
ment parfait; elle rappelle à Ergaste qu'en
échange de ses services il lui a promis une
bague; et quand Ergaste a reparé cet oubli,
elle accepte avec un faux air de naïveté le
cadeau qu'elle vient de solliciter, mais uniquement, dit-elle, pour avoir un souvenir de
lui. Mais Marinette appartient à l'une des
premières pièces de notre grand comique,
au *Dépit amoureux*, et dans la suite il évita
de représenter des suivantes intéressées. Par
contre, les valets de Molière, sauf peut-être
Sganarelle du *Don Juan* et Covielle du
Bourgeois gentilhomme, n'ont pas toujours
une âme aussi pure que les soubrettes qui
leur font vis-à-vis; ce sont gens peu recom-
mandables, dont les plus innocents passe-

temps consistent à duper un père ou à
bafouer un mari, ce qui a toujours inspiré
des transports d'enthousiasme aux spectateurs de tous les temps et de tous les pays.
Chez Marivaux, les rôles sont renversés :
c'est le valet qui est honnête et sympathique,
la soubrette ayant pour trait caractéristique
une passion immodérée pour l'argent ; et cette
passion la pousse à contrarier les penchants
de sa maîtresse, tantôt ouvertement, tantôt
secrètement.

Le Marquis épousera-t-il la Comtesse, ou
épousera-t-il Hortense ? Telle est la donnée
du *Legs*. Le Marquis aime la Comtesse, et la
Comtesse a quelque inclination pour lui.
Mais s'il n'épouse pas Hortense, il devra
donner à celle-ci une somme de deux cent
mille francs : ainsi l'a voulu un riche parent,
aujourd'hui décédé, qui a disposé de sa
fortune au profit du Marquis, à la condition
qu'il épousera Hortense ou qu'il paiera un
dédit. Dès lors, la peu délicate Hortense n'a
qu'un désir : amener le Marquis à refuser

l'union qui leur est imposée à tous deux, car
de cette manière elle aura les deux cent mille
francs, sera débarrassée du Marquis qu'elle
n'aime pas et pourra epouser le Chevalier qui
ne lui est pas indifférent. Tout comme un
disciple de Machiavel, Hortense n'ignore pas
combien il est utile d'avoir des intelligences
dans une place ou l'on veut pénétrer. Aussi
s'efforce-t-elle de gagner les bonnes grâces
de Lisette, suivante de la Comtesse, — laquelle Lisette a, tout naturellement, l'oreille
de sa maîtresse. Sans autre préambule,
Hortense offre donc une bourse à Lisette,
sans lui dire le service qu'elle attend, et
Lisette accepte, ce qui demontre suffisamment
qu'elle est intéressée ; puis, Hortense lui
explique qu'il s'agit de favoriser l'union du
Marquis et de la Comtesse, et Lisette refuse,
ce qui prouve non moins péremptoirement
qu'elle n'hésite pas à contrarier les inclinations de sa maîtresse, en depit de toutes les
traditions de notre théâtre comique. Et par
quel motif explique-t-elle son refus, bien

inattendu dans une pièce où il n'est question
que d'argent ? « Ma maîtresse est veuve ; elle
est tranquille ; son état est heureux ; ce serait
dommage de l'en tirer : je prie le ciel qu'elle
y reste » (1). Pure hypocrisie ! « Il n'est bon
bec que de Paris », a dit Villon. Lisette est
assurément parisienne, à moins qu'elle ne
soit normande. Que le benoît lecteur ne se
laisse pas prendre à ses protestations de
dévoûment. Si elle s'oppose au mariage de
sa maîtresse, c'est parce qu'elle, Lisette, y
perdrait trop. « Il n'est pas de mon petit
intérêt qu'elle se marie, dit-elle à Lépine ; ma
condition n'en serait pas si bonne, entendez-
vous ? Il n'y a point d'apparence que la
Comtesse y gagne, et moi j'y perdrais beaucoup. J'ai fait un petit calcul là-dessus, au
moyen duquel je trouve que tous vos arrange-
ments me dérangent et ne valent rien » (2). Et
Lépine, qui comprend fort bien ce sentiment,

---

(1) Scene III.
(2) Meme Scene.

l'explique plus tard à la Comtesse : « Elle pretend que votre état de veuve lui rapporte davantage que ne ferait votre état de femme en puissance d'époux ; que vous lui êtes plus profitable, autrement dit, plus lucrative ». Le style de Lépine n'est pas extrêmement correct ; mais il pourrait invoquer l'autorité de Montesquieu qui, dans la préface des *Lettres persanes*, a laissé échapper un solécisme du même genre. Et le digne valet ajoute avec gravite : « C'est une pensée de soubrette que je rapporte. Il faut excuser la servitude. Se fâche-t-on qu'une fourmi rampe ? La médiocrité de l'état fait que les pensées sont médiocres. Lisette n'a pas de bien, et c'est avec de petits sentiments qu'on en amasse ».(¹) Telle est la Lisette que nous dépeint Lépine, et il doit bien la connaître, car il a reçu ses confidences et il l'épousera au dénoûment, sans enthousiasme comme sans illusion, uniquement pour se conformer à l'usage.

(1, Scene **XXI.**

Dans une pièce où aucun personnage n'est
sympathique, Lépine est peut-être celui qui
deplaît le moins. Quant à Lisette, il faut voir
comme elle s'emploie, pendant toute la scène
VI, à contrarier l'inclination de la Comtesse
pour le Marquis ! Elle lui fait l'aveu de la
passion du Marquis, dans des termes qui sont
bien faits pour rendre ridicule le prétendant
le plus aimable. Après avoir excité la curiosité
de la Comtesse en lui parlant du mari qu'elle
a entrepris de lui donner, elle le lui dépeint
sommairement. « C'est un soupirant qui a
l'air fort simple, un air de bon homme. » La
Comtesse, informée qu'il s'agit du Marquis,
lui trouve au contraire « un air franc et
ouvert ». — Ne craignez rien, il ne parlera
pas, ajoute Lisette ; je lui ai ôté toute espérance. N'ai-je pas bien fait ? — Il valait mieux
le laisser dire, réplique la Comtesse, maudis-
sant en elle-même le zèle intempestif de la
suivante.—Puis elle essaie de s'en debarrasser
sous un prétexte quelconque, en l'envoyant
au dehors ; Lisette, qui comprend que sa

maîtresse veut demeurer seule et que le
Marquis ne tardera pas à venir, s'efforce de
rester auprès d'elle, et ce n'est pas sans peine
que la Comtesse finit par l'écarter.

Dans les *Fausses confidences*, non seulement
la soubrette Marton contrarie la passion
d'Araminte, mais elle se pose nettement en
rivale de sa maîtresse et lui dispute le cœur
de Dorante. C'est là un nouveau type de
soubrette, que Molière avait aussi peu entrevu
que le premier.

Dorante s'est introduit dans la maison
d'Araminte en qualité d'intendant. Il n'a
d'autre désir que de l'épouser ; mais son
oncle, M. Remy, qui ignore ce projet, suppose
que Dorante ne s'insinue chez Araminte que
pour être plus près de la suivante Marton, une
jeune personne qui doit une certaine aisance
aux libéralités d'Araminte, et qui a une vieille
parente asthmatique dont elle doit hériter :
lui-même, M. Remy, compte de son côté
laisser son bien à Dorante. Celui-ci dissimule
à tout le monde ses véritables intentions, et

il explique à un ancien valet, Dubois, la
raison de son silence. « Cette femme-ci a un
rang dans le monde : elle est liée avec tout
ce qu'il y a de mieux : veuve d'un mari qui
avait une grande charge dans les finances ;
et tu crois qu'elle fera quelque attention à
moi, que je l'epouserai, moi qui ne suis rien,
moi qui n'ai point de bien » (1) ? M. Remy,
en véritable oncle de comédie, est si loin de
supposer son neveu amoureux d'Araminte,
qu'il l'a présenté lui-même à celle-ci comme
le modèle des intendants Une fois dans la
place, Dorante se laisse conduire par les
évènements ; son oncle croit qu'il aime
Maiton, il le laisse dans cette erreur, le
premier devoir d'un neveu étant manifeste-
ment de ne pas mécontenter un oncle à
héritage. Mais Maiton, qui pourtant a de
l'esprit, se croit aimée de Dorante. Elle le
croit d'autant plus volontiers que M. Remy
la prend par son faible.

---

(1) I, 11.

— Savez-vous ce qu'il me dit la première
fois qu'il vous vit ? « Quelle est cette jolie
fille-là ? » Approchez, mon neveu. Mademoiselle, votre père et le sien s'aimaient beaucoup ; pourquoi les enfants ne s'aimeraient-ils
pas (1) ?

Dorante demeure assez embarrassé, mais
Marton se montre fort disposée à suivre les
conseils de M Remy ; aussi celui-ci leur
prend il les mains en versant des larmes
d'attendrissement, et les fiance-t-il seance
tenante.

Comment s'etonner, dès lors, de voir Marton
prendre les interêts de celui qu'elle considère
désormais comme son futur mari ? Quand
Araminte aperçoit son nouvel intendant, elle
le trouve de bien bonne mine, et se fait
quelque scrupule de le prendre à son service.
Marton, qui n'y entend pas malice, calme les
inquiétudes de sa maîtresse « Est-on obligé
de n'avoir que des intendants mal faits ? »

---

(1) I, iv.

Araminte se décide à agréer Dorante. Mais arrive Madame Argante, la mère d'Araminte ; à elle aussi, la bonne mine de Dorante semble suspecte, et Marton entreprend de lever ses scrupules comme elle vient de lever ceux d'Araminte : l'air n'y fait rien..... Monsieur entend les affaires, il est fils d'un père extrêmement habile ([1]). Tout cela nous rappelle Lisette, de l'*Amour Médecin*, présentant le jeune Clitandre comme médecin de Lucinde, et déclarant gravement : « La science ne se mesure pas à la barbe, et ce n'est pas par le menton qu'il est habile ».

Jusqu'à présent, si la pauvre Marton joue un rôle de dupe, il faut convenir que l'attitude de Dorante est quelque peu dépourvue de noblesse, car il n'essaie même pas de la désabuser ; il fait bien quelques allusions à l'erreur de la jeune fille, dans la scène XI de l'acte I ; il l'accuse bien de manquer de réflexion, mais Marton, qui se sait belle et

---

(1) I, x.

qui se croit aimee, n'écoute pas ou ne comprend pas. Aussi bien, Dorante tient fort peu à être compris. Quant à la malheureuse soubrette, elle est sincère ; aussi, jusqu'alors, a-t-elle notre sympathie.

Mais une complication se produit, qui vient modifier notre manière de voir à son égard. Le Comte Dorimont et Araminte vont plaider l'un contre l'autre au sujet d'une terre considérable ; Madame Argante a songé à les marier pour prévenir le procès, et elle prie Dorante, qui est un peu homme de loi, — puisque son père l'était, comme dit Marton, — de conseiller ce mariage à Araminte ; qu'il examine les papiers relatifs à l'affaire, et qu'il déclare à Araminte qu'elle n'a aucune chance de gagner son procès. Dorante accueille fort mal cette insinuation

— Si effectivement son droit est le plus faible, je ne manquerai pas de l'en avertir, dit-il.

— Quel esprit borné ! se dit Mme Argante. Marton n'est pas éloignée de penser comme

Madame Argante ; elle appuie sa proposition auprès de Dorante, en lui faisant connaître le motif de son attitude. « Il y a une petite raison à laquelle vous devez vous rendre : c'est que M le Comte me fait present de mille ecus le jour de la signature du contrat ; et cet argent-là, suivant le projet de M. Remy, vous regarde aussi bien que moi. » — « Ce n'est que faute de réflexion que ces mille écus vous tentent », réplique Dorante. — « Au contraire, c'est par réflexion qu'ils me tentent : plus j'y rêve, et plus je les trouve bons ». En découvrant combien Marton est loin d'être une suivante desintéressée, Dorante ne peut s'empêcher de murmurer : « Je ne suis pas si fâché de la tromper. » ([1]).

Il a tort, sans doute, car les fautes d'autrui ne sauraient excuser les nôtres : aussi nous paraît-il dès lois peu interessant, comme Marton nous semble trop intéressée. Araminte seule conserve nos sympathies, car

tout le monde la trompe, et elle est incapable
de discerner la verité au milieu des intrigues
qui l'enserrent de tous côtes. Remarquons
en passant combien il est exagéré d'affirmer
que tous les personnages sont honnêtes dans
le théâtre de Marivaux.

Le second acte tout entier s'écoule, sans
que Marton découvre les véritables sentiments
de Dorante. M. Remy vient d'apprendre à
Araminte qu'une dame belle, distinguée et
fort riche, désire épouser Dorante, et cela
sans délai. Dorante, est-il nécessaire de l'ajouter ? ne songe pas un instant à abandonner la
place qu'il doit à la genérosité d'Araminte et
où il peut, à toute heure du jour, contempler
l'objet aimé ; il refuse. Araminte est émue de
tant d'abnégation, M. Remy est indigné de
tant de sottise ; et comme Marton arrive sur
ces entrefaites, il la prend pour juge de la
situation. « Que pensez vous de quelqu'un
qui n'a point de bien, et qui refuse d'épouser
une honnête et fort jolie femme, avec quinze
mille livres de rente bien venants ? » « Ce

quelqu'un rêve », répond Marton sans hésiter.
Et M. Remy, désignant Dorante, réplique :
« Voilà le rêveur ».

Aussitôt l'infortunée Marton, toujours
convaincue que le cœur de Dorante ne brûle
que pour elle, trouve mille excuses à la conduite si noble, si généreuse, si désintéressée
de celui qu'elle vient de qualifier de rêveur.
« Ah ! Dorante, que je vous estime ! Je n'aurais pas cru que vous m'aimassiez tant.…
Faut-il tant de bien pour être heureux ?
Madame, qui a de la bonté pour moi, sup-
pléera en partie par sa générosité à ce qu'il
me sacrifie. Que je vous ai d'obligation,
Dorante ! » Marton est-elle réellement touchée
par la conduite de Dorante ? N'est-ce pas le
mariage, plutôt que le mari, qui a pour elle
de l'attrait ? N'est-elle pas fière de constater
le pouvoir de ses charmes, puisque Dorante
renonce pour elle à la fortune et aux hon-
neurs ? Il y a sans doute de tout cela dans les
sentiments qui se disputent son cœur ; mais
ce qui domine, a notre avis, c'est l'intérêt.

Quelles sont, en effet, les premières paroles qu'elle prononce lorsqu'elle est instruite des véritables intentions de Dorante ? « Or çà, Dubois, il s'agit de faire sortir cet homme-ci ». Ainsi, Dorante avait toutes les qualités lorsqu'il passait pour prétendre à la main de Marton ; c'est d'Araminte qu'il est amoureux, il ne reste plus qu'à le congédier. S'il demeurait dans la maison, les mille écus du comte risqueraient de ne pas aller dans la bourse de Marton ; or, si Marton tient beaucoup à épouser Dorante, elle tient peut-être autant aux mille écus qui lui ont été promis.

Ne croyons pas cependant que les soubrettes de Marivaux passent leur temps à contrarier les inclinations de leurs maîtresses. Il en est qui suivent fidèlement la tradition des Nicole et des Toinette. C'est ainsi que Lisette, de la *Mère confidente*, favorise les projets d'Angélique et s'évertue de son mieux pour que celle-ci épouse Dorante ; mais si nous recherchons le motif de ce zèle, nous le trouverons dans les procédés de Dorante à l'égard de la soubrette, procédés éminemment persuasifs.

Dorante est, comme tous les héros de Marivaux, un jeune homme plein de mérite, mais dépourvu de biens. Il aime Angélique, et Lisette, qui d'abord le croyait riche, apprend avec surprise que sa bonne mine constitue toute sa fortune. « Je ne suis point contente de cela ; qui est-ce qui le devinerait à votre air ? Quand on n'a rien, faut-il être de si bonne mine ? Vous m'avez trompée, Monsieur ». Vous m'avez trompée ! Ne semble-t-il pas que Lisette et Angélique ne font qu'un, ou plutôt, qu'en courtisant la maîtresse alors qu'il était pauvre, il a manqué de respect à la suivante ! Mais écoutons la suite : Lisette va se montrer aussi interessée que ses devancières, nous allons dire que ses sœurs, car ces soubrettes, malgré de notables differences de détail, ont toutes un air de famille, *qualem decet esse sororum.*

DORANTE

Eh ! Lisette, laisse aller les choses, je t'en

conjure ; il peut arriver tant d'accidents ! Si je l'épouse, je te jure d'honneur que je te ferai ta fortune. Tu n'en peux espérer autant de personne, et je tiendrai parole.

LISETTE

Ma fortune !

DORANTE

Oui ; je te le promets. Ce n'est pas le bien d'Angélique qui me fait envie. Si je ne l'avais pas rencontrée ici, j'allais, à mon retour à Paris, epouser une veuve très riche et peut-être plus riche qu'elle ; tout le monde le sait ; mais il n'y a plus moyen : j'aime Angélique, et si jamais tes soins m'unissaient à elle, je me charge de ton établissement,

LISETTE, rêvant un peu.

Vous êtes seduisant. Voilà une façon d'aimer qui commence à m'intéresser ; je me persuade qu'Angélique serait bien avec vous. ([1])

On dira peut-être que Dorante, qui n'a

---

1 I, i.

rien, ne pourra faire la fortune de Lisette
qu'aux depens de celle d'Angélique ; l'objec-
tion se présente tout naturellement à l'esprit
de la soubrette. Dorante, qui a réponse à tout,
lui apprend qu'il a quelque part un oncle
dont il doit hériter ; cet oncle est jeune, il est
vrai, mais Lisette veut bien se contenter
d'espérances à longue échéance. Aussi faut-il
voir avec quelle chaleur elle recommande à
Angélique un protégé si genéreux ! Avec quel
zèle elle veille sur les rendez-vous des deux
jeunes gens, leur signalant l'approche d'un
importun (qui n'est autre que Lubin, le fils
du fermier), et conseillant même à Dorante
d'acheter les services du rustre comme il a
acheté ceux de la soubrette [1] ! Inutile d'ajouter que Dorante suit ce conseil à l'instant. Elle
en vient à souhaiter le mariage de Dorante
plus vivement que Dorante lui-même ; aussi
ne craint-elle pas de lui rappeler ses promesses [2]. Certes on ne peut pas dire que Lisette

_____

(1) I, III.
(2) I, V.

s'oppose en quoi que ce soit au mariage de sa maîtresse ; mais on connaît assez les mobiles qui la font agir. Et comme Angélique s'étonne de l'ardeur de sa suivante à défendre Dorante, Lisette, qui devine les soupçons dont elle est l'objet, réplique :

— Je crois vous entendre : vous gageriez, j'en suis sûre, que j'ai été séduite par des présents ? Gagez, Madame, faites-moi cette galanterie-là ; vous perdrez, et ce sera une manière de donner tout à fait noble.

Lisette est-elle sincère ? N'a-t-elle pas fini par se persuader que son dévoûment à Dorante n'est pas intéressé ? Est-elle simplement hypocrite ? On pourrait pencher pour cette dernière opinion ; mais son esprit pratique reprend immédiatement le dessus, et comme elle n'a encore rien reçu de Dorante, sinon des promesses, elle ne manque pas de rafraîchir les souvenirs de son futur bienfaiteur, tout en se donnant un faux air de franchise.

— Attendez, Monsieur ; disons pourtant la vérité. Dans vos transports, vous m'avez promis d'être extrêmement reconnaissant, si jamais vous aviez le bonheur d'être à Madame ; il faut convenir de cela.

Dorante n'ose nier le fait, et Lisette poursuit :

— Je n'avais que de bonnes intentions ; j'aime ma maîtresse, tout injuste qu'elle est ; je voulais unir son sort à celui d'un homme qui lui aurait rendu la vie heureuse et tranquille ; mes motifs lui sont suspects, et j'y renonce. (¹)

Ici, il n'y a plus à hésiter : Lisette est hypocrite. Hypocrite quand elle parle de ses bonnes intentions et de son amour pour sa maîtresse : nous savons en effet pour quelle cause elle a soutenu les prétentions de Dorante ; hypocrite quand elle part, faisant semblant de renoncer à servir Angélique, car elle sait bien qu'Angélique ne la laissera pas dépasser la porte.

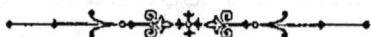

---

(1) II, III.

II

Si les soubrettes de Marivaux sont intéressées et dissimulées, comme nous
croyons l'avoir montre, on s'explique difficilement que Sainte-Beuve ([1]) ait pu parler de
leur honnêteté. Sans doute, il est vrai de dire
que les Scapin, les Crispin, les Mascarille
sont gens de sac et de corde ; on peut même
accorder que « chez Marivaux les valets sont
plus décents » et qu'ils se rapprochent davantage de leurs maîtres. La remarque est juste,
mais ce rapprochement n'est pas à l'avantage
des valets, ou plutôt des soubrettes, car les

---

(1) *Causeries du Lundi*, IX, 373.

maîtres eux-mêmes ne sont pas fort recom-
mandables, ainsi que nous avons eu déjà
l'occasion de le constater. M. Doumic nous
paraît avancer également une proposition
contestable, quand il déclare que, jusqu'aux
valets et aux soubrettes, il n'y a que d'honnêtes gens dans le théâtre de Marivaux. Cette
appreciation, exacte relativement aux valets,
nous semble d'une vérité douteuse en ce qui
concerne les soubrettes. Ce qui est vrai, c'est
qu'elles ont à un extrême degré le sentiment
de ce qui leur est utile ou nuisible ; elles se
laissent aller à leur premier mouvement, puis,
au lieu de s'obstiner quand elles s'aperçoivent
qu'elles font fausse route, elles n'hésitent pas
à adorer ce qu'elles avaient brûlé. Ces « im-
pulsives », comme on dirait de nos jours, sont
en même temps essentiellement pratiques.
Elles savent s'incliner à temps devant les
circonstances, car elles se disent que, quand
on n'a pas ce que l'on aime, il faut aimer ce
que l'on a.

Ainsi, après s'être bravement employée à

mettre obstacle au mariage de sa maîtresse,
après avoir représenté le Marquis comme un
« benêt », Lisette (du *Legs*) ne se fait aucun
scrupule de chanter les louanges de ce même
marquis, lorqu'elle voit que ses efforts pour
rompre l'union projetée n'ont eu aucun succès ; c'est ce qu'elle appelle « céder au torrent ». Subitement, le Marquis devient « le
meilleur homme du monde », un « homme
estimable», qui sera l'ami et non le maître
de sa compagne ; bref, c'est « le seul homme
qui convienne » à la Comtesse. On dira peut-
être que ces paroles ne sont pas sincères, et
que Lisette, qui cède si facilement au torrent,
n'a pas perdu tout espoir de le remonter : ne
la savons-nous pas déjà hypocrite ? Ne con-
seille-t-elle pas à sa maîtresse, un peu plus
loin, de « laisser-là » le Marquis ? Un instant
de réflexion lui fait mieux comprendre la
situation. Si elle facilite le mariage du Marquis et de la Comtesse, elle gagne d'abord
l'honnête récompense promise par Hortense,
et ensuite elle a lieu d'espérer que le Marquis,

de son côté, se montrera généreux. C'est ce
que la Comtesse lui dit clairement.

— Si je l'epouse, c'est à toi qu'il en aura
l'obligation, et je prétends qu'il le sache afin
qu'il t'en récompense.

Et Lisette, la fine mouche, qui vraiment a
bien plaidé, repond en baissant les yeux :
— Comme il vous plaira, Madame (¹).

Marton, des *Fausses confidences*, se conduit
absolument de même. Pendant deux actes,
elle se croit destinée à épouser Dorante ; puis,
quand elle comprend le ridicule du rôle qu'on
lui fait jouer, elle persécute Dorante et s'efforce de le faire congédier ; enfin, lorsqu'elle
s'aperçoit de l'inutilité de ses efforts, persua-
dee qu'elle a plus à gagner à le soutenir qu'à
le combattre, elle devient son plus ardent
défenseur.

— Ah ! Madame, pourquoi m'avez-vous
exposée au malheur de vous déplaire ? J'ai
persécuté par ignorance l'homme du monde

---

(1) Scène XXIII.

le plus aimable, qui vous aime plus qu'on n'a
jamais aimé, et à qui je n'ai rien à reprocher :
car il vient de me parler. J'étais son ennemie,
et je ne la suis plus (1).

Tout cela est assez plat, assez mesquin ;
mais, après tout, Marton a été victime d'une
telle supercherie, qu'on peut lui pardonner
quelques mouvements d'humeur. Mais il y a
pis encore. La Lisette des *Sincères* ne se contente pas de rompre le mariage de sa maîtresse ;
le mensonge, la calomnie, sont ses procédés
les plus habituels, ses armes ordinaires, sans
raison, sans excuse. Suivante de la Marquise,
elle a projeté d'empêcher l'union de celle-ci
avec Ergaste ; cette fois, elle peut compter sur
la complicité de Frontin, valet d'Ergaste.
Pourquoi ces deux honnêtes serviteurs ont-ils
formé de si noirs projets ? C'est ce que l'auteur
a négligé de nous expliquer. Toujours est-il
qu'ils prennent des allures de conspirateurs
lorsqu'ils etablissent leurs plans.

---

(1) III, x.

LISETTE

Grâce au ciel, nous voici en état de nous entendre pour rompre l'union de nos maîtres.

FRONTIN

Oui, ma fille ; rompons, brisons, détruisons ; c'est à quoi j'aspirais.

LISETTE

Ils s'imaginent sympathiser ensemble, à cause de leur pretendu caractère de sincérité.

FRONTIN

Pourrais-tu me dire au juste le caractère de ta maîtresse ?

Lisette fait aussitôt de la Marquise un portrait peu flatte. Elle est vaine, envieuse et caustique ; elle est autoritaire, assez sensible à l'amitie, pourvu qu'elle y prime ; il faut que son amie soit sa sujette ; sans son esprit qui la rend méchante, elle aurait le meilleur cœur du monde. Elle est coquette, mais ne veut pas passer pour telle ; il faut que sa suivante le soit pour elle, il faut qu'on fasse violence, en quelque sorte, à la profonde indifférence qu'elle affecte à l'egard de la toilette. Et

Frontin, à son tour, décrit son maître avec aussi peu de discrétion. C'est un sincère ; si pour paraître franc, il fallait mentir, il mentirait ; personne ne dit tant de mal de lui que lui-même ; il a si peu de capacité, il est si borné, quelquefois si imbécile ! Un homme contre qui il avait un procès vint le prendre pour arbitre ; il examine son affaire, prononce gravement contre lui, et perd son procès pour gagner la réputation de s'être condamné lui-même. La Bruyère a oublié ce trait.

LISETTE

Ah ça ! profitons de leur marotte pour les brouiller ensemble ; inventons, s'il le faut ; mentons ; peut-être même nous en épargneront-ils la peine.

FRONTIN

Oh ! je ne me soucie pas de cette épargne-là : je mens fort aisément, cela ne me coûte rien. (¹)

Frontin ne se flatte pas. Nous en avons bientôt la preuve, car il remporte une victoire qui

---

(1) Scene I.

semblait tout d'abord fort improbable. Il y a,
en effet, entre Ergaste et la Marquise, une
solide amitié, qui repose sur la communauté
des idées et des sentiments et un goût identi-
que pour la franchise ; rien ne paraît plus
difficile que de séparer deux cœurs si sincè-
rement unis. C'est cependant le but que se
propose Frontin. A la suite d'une scène qui
n'a rien à envier à la fameuse scène des
portraits du *Misanthrope*, Ergaste et la Marquise se quittent fort contents l'un de l'autre.
Frontin se sent d'abord quelque peu inquiet.
« Ils me paraissent bien satisfaits tous deux.
Oh ! n'importe, cela ne saurait durer ». Les
projets des deux serviteurs ne tardent pas à
s'exécuter. Ils ont chacun sous la main un
parti qui leur convient, et ils arrangent les
affaires de leur maître et de leur maîtresse
avec autant d'aisance que s'il s'agissait de
leurs propres affaires. Lisette déclare à Dorante qu'elle lui « donne » sa maîtresse, et
Frontin prend la liberté de « transporter son
maître » à Araminte. Puis, valet et soubrette

font semblant de se quereller : Frontin s'adressant à Lisette affecte de médire de sa maîtresse ; Dorante qui est présent prend aussitôt
la défense de la Marquise, ce qui indispose
Araminte à son égard ; Quant à Lisette,
elle parle d'Ergaste en termes méprisants, ce
qui determine Araminte à embrasser le parti
d'Ergaste (1). Puis Lisette court rejoindre la
Marquise pour lui raconter, nous allions dire
pour lui rapporter ce qui vient de se passer,
sans avouer, bien entendu, que sa querelle
avec Frontin était concertée d'avance ; elle lui
expose comment Frontin a osé prétendre
qu'Araminte est plus belle que la Marquise,
et comment Dorante a mis toute son éloquence
à louer les charmes de la Marquise en présence d'Araminte (2). Dès lors, on peut dire
que la rupture est consommée. La Marquise
n'a plus que de l'éloignement pour Ergaste,
et se sent une tendre inclination pour Dorante

---

(1) Scene VII.
(2) Scene XIII.

qui s'est montre si bon avocat ; elle lui accorde
sa main, alors qu'Araminte donne la sienne
à Ergaste et les deux serviteurs triomphent.

Certes, les mensonges de Lisette dans les
Sincères (titre bizarre, comme l'on voit) ne
méritent aucune indulgence, et il semble
difficile de croire que Marivaux ait pu mettre
sur la scène des soubrettes encore moins
sympathiques. Nous en trouvons cependant
qui n'hésitent pas à commettre de véritables
indélicatesses : telles sont Marton, des *Fausses
confidences*, et Lisette, de la *Mère confidente*.
Marton se fait donner par Arlequin une lettre
qui lui a été remise par Dorante ; cette lettre
l'instruit des véritables projets de celui-ci à
l'égard d'Araminte ; elle lui apprend en même
temps qu'elle s'est trompée en se croyant
aimée de l'intendant, et que celui-ci aime
Araminte. Marton, après avoir ouvert le billet,
le remet à sa maîtresse, espérant que celle-ci
se trouvera offensée d'être recherchée par
Dorante, mais l'évènement trompe ses pré-
visions. Ce n'est pas Dorante qui reçoit son

congé, c'est elle-même ; et si elle reste, c'est
qu'Araminte, dont la bonté ne se dément pas
au milieu de toutes les vilénies qui se trament
autour d'elle, se laisse toucher par les protestations de dévoûment de sa suivante. Lisette
va plus loin : elle favorise la tentative d'enlèvement dont sa maîtresse est l'objet (1), du
consentement de cette dernière, il est vrai ;
ce qui atténue ses torts, mais ne saurait les
faire oublier.

Et maintenant, n'est-on pas obligé de re-
connaître que de pareilles soubrettes sont
fort dangereuses ? Certes, leur aide peut être
très utile à un prétendant, on ne le saurait
nier ; mais leur caractère est de nature à
inspirer quelques inquiétudes à un mari. Une
fille comme la Lisette de la *Mère confidente*
constitue sans doute un trésor pour des
amoureux, comme dit Lubin ; mais c'est un
trésor dont la garde expose à des mésaven-
tures fâcheuses, après la cérémonie. Aussi le

---

(1) *Mère confidente*, III, IX.

jugement que porte Madame Argante sur l'une d'elles nous paraît-il pouvoir s'appliquer à toutes. « Que nos jeunes gens la récompensent, mais qu'ils s'en défassent » (1). Madame Argante s'exprime avec autant de concision que de bon sens. Les soubrettes de Marivaux sont des auxiliaires que l'on peut employer avant le mariage, en vertu de l'adage « qui veut la fin veut les moyens », mais la prudence exige qu'on s'en débarrasse aussitôt après.

---

(1) III, xii.

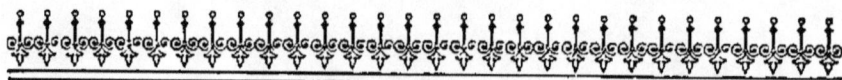

Nous insisterons peu sur quelques autres
des caractères de soubrettes dans le
théâtre de Marivaux. Est-il besoin de faire
remarquer qu'elles sont fort coquettes, qu'elles sont belles, qu'elles le savent, qu'elles se
le laissent dire, et qu'elles le proclament
volontiers ? La beaute des soubrettes de
Molière est chose fort secondaire ; si elles ont
des charmes, c'est seulement aux yeux d'un
Covielle ou d'un Gros-René ; les personnages
de quelque importance n'ont garde de s'en
apercevoir. Chez Marivaux, leurs attraits et
leurs grâces fixent les regards de tout le

monde, et l'amoureux de Madame n'est pas insensible aux charmes de Mademoiselle. De là la suffisance des suivantes. Quand Dorante, des *Fausses confidences*, fait apporter chez Araminte un portrait enfermé dans une boîte, Marton avant même de l'avoir vu, suppose que c'est le sien, tant elle croit à l'amour de Dorante ; bientôt elle en est sûre, elle n'a plus le moindre doute ; ce doit être son portrait, c'est le sien.... Et comme tout le monde s'étonne, elle dit ingénûment :

— « Oui, le mien. Eh ! pourquoi non, s'il vous plaît ? Il ne faut pas tant se récrier.... Sans vanité, on en peint tous les jours, et des plus huppées, qui ne me valent pas.

— « Qui est-ce qui a fait cette dépense-là pour vous ? » demande Araminte.

— « Un très aimable homme qui m'aime, qui a de la délicatesse et des sentiments, et qui me recherche ; et puisqu'il faut vous le nommer, c'est Dorante ». (1)

_____

(1) II, IV.

La déconvenue de Marton, quand on a ouvert la boîte, et que l'on met au jour le portrait d'Araminte, se comprend de reste. La chute la plus profonde....., a dit le poëte.

Lisette, des *Sincères*, n'a pas moins bonne opinion de sa personne. Elle convient qu'on la trouve jolie, mais elle ne permet pas à Frontin de l'aimer; il est vrai qu'à la fin, quand ces deux fidèles alliés ont remporté la victoire en rompant le mariage de leurs maîtres, Lisette veut bien permettre à Frontin de baiser sa main, pendant qu'elle détourne la tête ; et Frontin, toujours digne, n'use pas de la permission ; il se contente de la saluer gravement.

Dans le *Jeu de l'amour et du hasard*, Lisette, qui a pris la place de sa maîtresse Silvia pour permettre à celle-ci d'étudier le caractère de son amant Dorante, craint sérieusement d'avoir fait la conquête de celui-ci, et fait part de ses scrupules au maître de la maison, à Orgon. Cette démarche est fort louable, sans doute, et fait beaucoup d'honneur à la sou-

brette ; mais elle n'est pas l'indice d'une
grande modestie. Le moyen de croire que
Lisette, qui n'est point sotté, puisse ajouter
foi aux protestations de celui qu'elle s'imagine
être Dorante, et qui n'est autre qu'Arlequin !
Sans doute, il n'y a pas une grande différence
de ton et de manières entre elle et Silvia,
puisqu'un tablier, en passant d'une taille à
l'autre, suffit à opérer la métamorphose ; mais
quel abîme entre Dorante et Arlequin, entre
l'élégant et aristocratique jeune homme qui
se cache sous les vêtements d'un valet, et le
rustre qui fait une entrée si tapageuse et
appelle déjà Orgon son « beau père » ! Une
fille pleine de bon sens et de perspicacité,
comme Lisette, ne devrait pas s'y tromper ;
et si elle s'y trompe, si contre toute vraisem-
blance elle croit avoir cnlevé à Silvia le cœur
qui lui était légitimement destiné, si elle se
fait scrupule de garder plus longtemps le
secret, c'est assurément qu'elle manque de
modestie ou d'esprit. Or, comme Marivaux
nous a déclaré lui-même, par la bouche de

Silvia, que Lisette a de l'esprit ([1]), comme toutes les soubrettes de Marivaux sont également spirituelles, une seule hypohèse reste admissible : c'est que Lisette est un peu infatuée de sa personne ; elle est belle, elle le sait, elle le dit. Ecoutons-la plutôt.

LISETTE

Monsieur, on a de la peine à se louer soi-même ; mais, malgré toutes les règles de la modestie, il faut pourtant que je vous dise que, si vous ne mettez ordre à ce qui arrive, votre prétendu n'aura plus de cœur à donner à mademoiselle votre fille. Il est temps qu'elle se déclare, cela presse ; car, un jour plus tard, je n'en réponds plus.

MONSIEUR ORGON

Eh ! d'où vient qu'il ne voudra plus de ma fille ? Quand il la connaîtra, te defies-tu de ses charmes ?

LISETTE

Non ; mais vous ne vous défiez pas assez

---

(1) I, III.

des miens. Je vous avertis qu'ils vont leur train, et je ne vous conseille pas de les laisser faire.

MONSIEUR ORGON

Je vous en fais mes compliments, Lisette. (il rit.) Ah ! ah ! ah !

LISETTE

Nous y voilà ; vous plaisantez, Monsieur ; vous vous moquez de moi. J'en suis fâchée, car vous y serez pris

MONSIEUR ORGON

Ne t'en embarrasse pas, Lisette ; va ton chemin.

LISETTE

Je vous le répète encore, le cœur de Dorante va bien vite. Tenez, actuellement, je lui plais beaucoup ; ce soir, il m'aimera ; il m'adorera demain. Je ne le mérite pas, il est de mauvais goût, vous en direz ce qu'il vous plaira ; mais cela ne laissera pas que d'être. Voyez-vous, demain, je me garantis adorée.

MONSIEUR ORGON

Eh bien, que vous importe ? S'il vous aime tant, qu'il vous épouse.

LISETTE

Quoi ! vous ne l'en empêcheriez pas ?

MONSIEUR ORGON

Non, foi d'homme d'honneur, si tu le mènes jusque-là.

LISETTE

Monsieur. prenez-y garde. Jusqu'ici je n'ai pas aidé à mes appas, je les ai laissé faire tout seuls, j'ai ménagé sa tête : si je m'en mêle, je la renverse, il n'y aura plus de remède.

MONSIEUR ORGON

Renverse, ravage, brûle, enfin epouse ; je te le permets, si tu le peux.

LISETTE

Sur ce pied-là, je compte ma fortune faite.(¹)
Laissons de côté le dernier mot, qui pourrait nous faire supposer que Lisette est

---

(1) II, 1.

intéressée, elle aussi, et qu'elle est bien aise d'arriver à la fortune par un mariage au-dessus de sa condition. N'est-il pas vrai que l'honnêteté de sa conduite est gâtée par une suffisance à peine supportable ? Qu'après cela Lisette se laisse baiser la main par Arlequin, et à deux reprises (1), il n'y a rien là qui puisse choquer ; tout valet qui se respecte est tenu de se montrer galant envers les soubrettes, sans que celles-ci songent à s'effaroucher. Remarquons d'ailleurs que Lisette, après avoir reçu de M. Orgon la permission de renverser et de ravager, comme nous venons de le voir, et après avoir acheve de tourner la tête à ce pauvre Arlequin, qui se croit lui aussi à deux doigts de la fortune, demande une nouvelle fois à M. Orgon son autorisation, avant de pousser plus loin ses avantages (2). Aussi, quand elle l'a obtenue, n'a-t-elle plus aucun scrupule ; elle va même jusqu'à

----

(1) II, iii et III, vi

(2) III, v.

déclarer son amour à Arlequin. Celui-ci, transporté de joie, s'écrie :

— Je voudrais bien pouvoir baiser ces petits mots-là, et les cueillir sur votre bouche avec la mienne !

Lisette triomphe, mais son triomphe n'est pas de longue durée. Peu après, elle apprend qu'Arlequin est le « soldat d'antichambre » de Monsieur, et Arlequin découvre que Lisette est la « coiffeuse » de Madame. Mais comme leur amour n'est pas sujet à la casse, pour employer une expression du valet lui-même, il résiste à cette terrible épreuve, et le tout se termine par un double mariage, non sans que nous éprouvions quelque satisfaction de voir Lisette humiliée et punie de sa coquetterie, de sa fatuite et de ses dédains.

N'ayant pu épouser le maître, comme elle l'avait rêvé un instant, elle se décide donc sans trop de regret à devenir la femme du serviteur. C'est ce qu'on pourrait appeler le pot-au-lait de Lisette. Cette résignation ne doit pas nous surprendre. Lisette est extrêmement pratique, comme toutes les soubrettes de Marivaux ; celles-ci n'ignorent pas l'art de se soumettre à temps, au lieu de tenter une lutte inutile contre la fortune. Les longues hésitations ne sont pas leur fait ; elles prennent rapidement leur parti, persuadées que, dans quelque situation que le hasard les place, elles sauront toujours se tirer d'affaire. C'est ainsi que nous avons vu Lisette, du *Legs*, se résoudre brusquement à épouser Lépine, quand tout autre espoir lui est interdit, alors que pendant toute la pièce elle a fort rudoyé l'austère valet du marquis. Mais ici Marivaux se conforme à la tradition et ne fait nullement preuve d'originalité. Aussi passerons-nous rapidement.

Les soubrettes de Marivaux sont donc essentiellement pratiques ; nous pourrions même dire qu'elles sont un peu banales, et que leur idéal n'est ni noble ni distingué. C'est même là le seul trait qui les distingue de leurs maîtresses, et comme elles ne se décident pas aisément à nous faire part de leurs rêves vulgaires, on comprend que M. Faguet ait pu dire : « Les suivantes (de Marivaux) sont des dames très bien élevées, et qui ne sont pas seulement spirituelles, qui sont ingénieuses... Il n'y a pas une grande distance, non seulement d'allures, mais même de race, entre maîtres et valets » (¹).

Il y a sans doute du vrai dans cette opinion, mais nous croyons qu'il ne faudrait pas la prendre à la lettre. Il ne serait pas difficile de montrer combien les valets diffèrent de leurs maîtres, aussi bien pour les sentiments que pour l'expression de la pensée ; mais ce n'est point là notre sujet. Nous voulons seulement établir que les soubrettes sont loin de partager les idées de leurs maîtresses ; ne nous laissons pas tromper par l'identité de leur langage, et essayons de démêler leurs plus intimes pensées. Nous verrons alors si l'on peut dire avec M. Petit de Julleville, que les personnages de Marivaux confondent tous

---

(1) *Dix-huitième siècle*, Etudes Littéraires, p. 118.

leur gracieux profil. (1)

Marton, des *Fausses confidences*, aime les hommes bien faits, et ne s'en cache pas. Quand M. Remy lui présente son neveu Dorante qu'il veut placer comme intendant chez Araminte, il questionne la soubrette pour savoir ce qu'elle pense du nouveau venu, car il n'ignore pas qu'une soubrette est une puissance ; elle répond sans rougir :

— Ce neveu-là est bon à montrer ; il ne dépare point la famille.

Comme Araminte hésite à prendre un intendant qui a si bonne mine, Marton combat ses scrupules avec une logique admirable ; son argumentation ne souffre pas de réplique.

— Est-on obligé de n'avoir que des intendants mal faits ?

Madame Argante fait quelques objections du même genre ; Marton y répond avec la même supériorité, et nous apprenons plus tard

---

(1) *Le Théâtre en France.* p. 269.

combien elle a été indignée en entendant
critiquer par Madame Argante les avantages
physiques du nouvel intendant.

— Imaginez-vous, dit-elle au Comte, qu'elle
l'a querellé de ce qu'il était bien fait !

Evidemment, Marton ne peut comprendre
une pareille aberration. Un bel homme, pour
elle, a toutes les qualités que son esprit de
soubrette peut désirer. Dans le *Jeu de l'amour
et du hasard*, Lisette se montre encore plus
prosaïque. On sent que sa vertu n'est pas
à l'épreuve de toutes les éventualites qui
peuvent se produire, et que la présence d'un
bel homme met en grand danger le peu de
principes qu'elle doit à une éducation douteuse. Le seul mot de mariage la met en
émoi ; elle ne comprend pas qu'une fille
hésite à se marier, Elle avoue que le mariage
a pour elle d'irrésistibles charmes, et une
fille qui ne s'ennuie pas d'être fille lui semble
un prodige d'originalité. Sur ce point, elle
ne pense pas autrement que les soubrettes
de Molière, et nous n'insisterions pas, s'il

n'était nécessaire de bien mettre en lumière
que les soubrettes de Marivaux se distinguent
nettement de leurs maîtresses. Ecoutons donc
son raisonnement, quand elle entreprend de
démontrer à Silvia qu'une fille doit accepter
le mari qu'on lui destine, quand ce mari est
un « bel homme ». C'est là, pour elle, la
condition nécessaire et suffisante du bonheur
dans le mariage.

LISETTE

On dit que votre futur est un des plus
honnêtes hommes du monde ; qu'il est bien
fait, aimable, de bonne mine ; qu'on ne saurait être d'un meilleur caractere. Que voulez-
vous de plus ? Peut-on se figurer de mariage
plus doux, d'union plus délicieuse ?

SILVIA

Délicieuse ! Que tu es folle, avec tes expressions !

LISETTE

Ma foi, Madame ! c'est qu'il est heureux
qu'un amant de cette espèce-là veuille se
marier dans les formes ; il n'y a presque point

de fille, s'il lui faisait la cour, qui ne fût en danger de l'épouser sans cérémonie. Aimable, bien fait, voilà de quoi vivre pour l'amour ; sociable et spirituel, voila pour l'entretien de la société. Pardi ! tout en sera bon, dans cet homme-là ; l'utile et l'agréable, tout s'y trouve.

SILVIA

Oui, dans le portrait que tu en fais, et on dit qu'il y ressemble, mais c'est un *on-dit*, et je pourrais bien n'être pas de ce sentiment-là, moi. Il est bel homme, dit-on, et c'est presque tant pis.

LISETTE

Tant pis ! tant pis ! mais voilà une pensée bien hétéroclite !

SILVIA

C'est une pensée de très bon sens. Volontiers un bel homme est fat ; je l'ai remarqué.

LISETTE

Oh ! il a tort d'être fat, mais il a raison d'être beau.

SILVIA

On ajoute qu'il est bien fait ; passe.

LISETTE

Oui-dà : cela est pardonnable.

SILVIA

De beauté et de bonne mine, je l'en dis-
pense ; ce sont là des agréments superflus.

LISETTE

Vertuchoux ! si je me marie jamais, ce su-
perflu-là sera mon nécessaire ! (¹)

Il serait inutile de faire remarquer la différence des sentiments qui animent la soubrette
et la jeune fille, et même la différence de ton.
Ce ne sont pas là, évidemment, des personnes
appartenant à la même classe de la société.

Lisette est la fille du peuple, alerte, effrontée, mais en même temps un peu vulgaire ;
elle ne s'attache qu'à ce qui paraît, à ce qui
brille ; c'est une enfant de la nature. Silvia
est la jeune fille de famille, produit d'une
civilisation raffinée, pleine d'une expérience
précoce ; par suite, elle est un peu triste. Elle
connaît le monde, d'instinct et sans l'avoir vu ;

---

(1) I. 1.

elle le sait trompeur et perfide ; elle sait surtout qu'il ne faut pas se fier aux apparences.
— En mariage trompe qui peut, disaient les anciens. — C'est ce qu'elle explique à Lisette sans parvenir à la persuader ; toutes deux gardent leurs positions, et il n'y a là rien d'étonnant, car elles ne parlent pas le même langage. Elle lui cite des exemples, lui parle d'une jeune femme de ses amies qui s'est recemment mariée, et qui n'a pas eu à se louer de son choix :

— Elle me fit pitié, Lisette; si j'allais te faire pitié aussi ! Cela est terrible! qu'en distu? Songe un peu à ce que c'est qu'un mari !

Lisette a tout écouté sans interrompre ; peut-être allait-elle se laisser convaincre. Ce dernier mot détruit l'effet du discours de Silvia.

— Un mari? c'est un mari; vous ne deviez pas finir par ce mot-là; il me raccommode avec tout le reste.

Ne croirait-on pas entendre la voix de Jacqueline, du *Médecin malgré lui*, s'ecriant :

« Un mari est un emplâtre qui guérit tous les
maux des filles ? »

Il y a donc, entre les héroïnes et les soubrettes de Marivaux, une différence de ton,
de langage, de manières qui n'a pas été
assez remarquée. Une différence de ce genre
se retrouve, nous en convenons, entre les
maîtres et les valets ; elle est même beaucoup
plus accentuée. Néanmoins, elle est assez
apparente dans le passage que nous venons
de rappeler, et dans quelques autres encore,
pour qu'il soit permis de dire que Marivaux
a donné à chacun de ses personnages le
caractère qui lui convient. Comment s'en
étonner ? Marivaux ne connaît-il pas, mieux
que tout autre, l'art des degrés et des nuances?
Les choses du théâtre ont-elles pour lui un
mystère ? Le cœur humain, le cœur feminin
surtout a-t-il su lui derober un secret ? Ce qui
est vrai, c'est que ses soubrettes ne sont pas
dépourvues d'instruction et que, quand elles
en manquent, elles suppléent à cette insuffi-
sance par la vivacité d'un esprit primesautier

et toujours en alerte. Quant à l'éducation, le contact continuel de leurs maîtresses leur en a assez donné, pour qu'il soit difficile de les discerner les unes des autres sans quelque effort d'attention. C'est en ce sens seulement que l'on peut parler de l'identité des caractères de femmes chez Marivaux.

Il y a dans Molière des soubrettes qui arrivent de la campagne et en ont gardé les habitudes, le langage et l'esprit. Telle est Marotte, des *Précieuses*, qui n'entend point le latin et n'a point appris la « filofie dans le grand Cyre » : on peut y joindre Martine, des *Femmes savantes*, et même Nicole, du *Bourgeois gentilhomme*. La plupart des autres sont des Parisiennes. Leur esprit a gardé quelque chose de la malignité d'une ville qui a vu naître Villon, Boileau et Voltaire. Elles ont l'air narquois, la mine friponne et la langue prompte, comme Dorine du *Tartufe*, Lisette de l'*Amour médecin*, Toinette du *Malade imaginaire*. Les soubrettes de Marivaux sont toutes des citadines qui sont frottées de littérature. Mais si elles ont des connaissances aussi variées que superficielles, c'est qu'elles ont de la mémoire et retiennent sans peine tout ce qui se dit autour d'elles ; si elles ont adopté la manière de parler de la haute société, c'est qu'elles sont exactes imitatrices de ce qu'elles entendent ; aussi ne dédaignent-elles pas de jurer en termes aussi élégants que le fils de la maison. Lisette, du *Jeu de l'amour et du hasard*, dit : Vertuchoux ! Son homonyme du *Legs*, dit : Malepeste ! et Sandis ! La première semble même se plaire à étaler son érudition.

— Un duo de tendresse en décidera, comme à l'Opéra : « Vous me voulez, je vous veux ; vite un notaire ! » ou bien : « M'aimez-vous ? non ; ni moi non plus ; vite à cheval !

Tout cela est bien superficiel, sans doute ; c'est que l'esprit des Lisette et des Marton n'a aucune profondeur. Elles n'ont qu'un semblant d'instruction, comme elles ont un soupçon d'éducation et une apparence de vertu.

IV

Les soubrettes de Marivaux sont donc intéressées, hypocrites, coquettes, d'une vertu douteuse ; c'est en cela que consiste leur originalité. Bref, elles sont peu sympathiques. Peut-être semblera-t-il que nous avons un peu forcé la note et qu'elles ne sont pas aussi desagreables qu'il nous a plu de les représenter. Nous en convenons ; c'est que nous avons voulu nous placer, pour les étudier, à un point de vue tout spécial. Quand on juge une comédie, on la juge d'après la représentation ; par suite, on peut se laisser entraîner à des erreurs, car l'esprit n'a pas toute sa liberté. Les décors, les costumes, la foule qui nous environne, tout cela exerce sur nous une influence incontestable. Sans revenir sur la question, aujourd'hui si connue, de la psychologie des foules, on peut dire que le spectateur qui assiste à une pièce de théâtre est dans un état d'infériorité notable par rapport au lecteur. Il voit autrement que le lecteur, personne ne le nie ; et il voit moins bien, — précisément parce que son jugement est exposé à subir des influences extérieures. Quand, au contraire, nous lisons une pièce seul à seule, et, pour employer une expression banale mais significative, dans le silence du cabinet, rien ne vient troubler ni faire dévier la marche de notre esprit ; l'appréciation que nous donnons ensuite à loisir, à tête reposée. est plus près d'être juste, parce qu'elle est plus personnelle, parce qu'elle est originale. Croit-on qu'un spectateur, même instruit et impartial, transporté dans une salle où une multitude d'ignorants applaudit, puisse conserver toute sa liberté d'esprit ? Il ne perd pas sa perspicacité, sa justesse de vue, loin de là ; mais, pour quelques instants, ses facultés sommeillent en quelque sorte et demeurent paralysées. Quand il sera rendu à lui-même, il se ressaisira tout entier, — mais en attendant la pièce aura réussi, grâce aux applaudissements de la foule, et aux siens. Par suite, il n'est pas exact de dire qu'un ouvrage dramatique doit être seulement jugé au théâtre ; si nous voulons porter une appréciation saine, nous devons nous soustraire à toutes les influences extérieures qui peuvent alterer notre jugement. C'est ce que nous avons essayé de faire, au risque de mériter le reproche que Labruyère adresse aux amateurs de critique, afin d'échapper, dans la mesure du possible, à toutes les seductions que la scène peut exercer sur notre jugement. Une pièce de théâtre doit, selon nous, parler à l'esprit, avant de parler aux yeux.

Les soubrettes de Marivaux plaisent beaucoup à la représentation, nous n'en disconvenons pas. Elles paraissent charmantes dans

leur espièglerie, enjouées, mutines, avenan-
tes ; le costume Louis XV contribue peut-être
à leur succes, et, si l'on veut, les grâces de
leurs interprètes n'y sont pas complètement
etrangères. Voilà qui est acquis. — Mais lisez
ensuite la pièce, loin des bravos du public ;
bien des détails qui vous avaient echappé
frapperont desormais votre attention ; vous
verrez celle-ci s'entendant avec l'amoureux
de sa maîtresse pour regler les détails d'un
enlèvement, celle-là complotant avec un valet
la rupture du mariage de sa bienfaitrice ;
vous les verrez toutes tendant la main pour
recevoir le prix de leurs complaisances inté-
ressees ; et si, en sortant de la representation,
vous êtes resté sous le charme d'un style
enchanteur, si vous avez admiré la delicatesse
d'expression des suivantes, leurs conversations pleines de traits d'esprit et de frivolite,
relisez, dans le *Jeu de l'amour et du hasard*, la
scène ou Lisette et Arlequin, connaissant
enfin leur véritable qualité, s'injurient à l'envi
et se traitent de masque, de magotte et de

faquin; vous constaterez alors combien les
soubrettes de Marivaux déplaisent à la lec-
ture. Peut-être comprendrez-vous alors pourquoi l'auteur les a si rarement montrées sur la
scène au dénoûment, contrairement à l'usage
de Molière, et pourquoi il a fait disparaître,
bien avant la fin de la pièce, Marton des
Fausses confidences et Lisette de la *Mère
confidente.*

Nous avons déjà eu l'occasion de dire un
mot de Marinette, du *Dépit amoureux*, la seule
soubrette de Molière qui ait jugé bon de
vendre ses services. Eh bien! Marinette, elle
aussi, paraît de plus en plus rarement, à
mesure que l'intrigue approche du dénoûment. Le cinquième acte presque entier se
passe sans qu'on l'aperçoive; elle ne se montre qu'à la dernière scène, encore est-ce pour
prononcer seulement quelques mots. Or, Marinette est, de toutes les soubrettes de Molière,
celle qui offre le plus de ressemblance avec
les soubrettes de Marivaux, comme le *Dépit
amoureux* est la pièce de Molière qui fait le

mieux pressentir le genre et la manière de
Marivaux. On y voit le maître et le valet,
Eraste et Gros-René, courtiser respective-
ment la maîtresse et la suivante, Lucile et
Marinette ; à tous les incidents que traverse
l'amour de Lucile et d'Eraste, correspondent
des incidents analogues dans l'amour de
Marinette et de Gros-René. Comme le dit
Gros-René à son maître,

Avec vous en amour je cours même fortune ;
Celle que vous aurez me doit être commune ;
La maîtresse ne peut abuser votre foi,
A moins que la suivante en fasse autant pour
[moi. (I, 1).

L'étude seule du langage de Gros-René et
de Marinette nous fait saisir l'énorme distance
qui sépare Molière de Marivaux, et la supériorité de celui-ci dans un genre auquel il
a donné son nom, ce qui est encore, après
tout, une marque d'originalité. Sans doute
Gros-René a quelques notions de philosophie
et invoque volontiers l'autorité d'Aristote,

tout en croyant peut-être qu'Aristote est de
Rome ; mais Marinette ne le lui cède en rien
en matière d'érudition, et il lui arrive de
parler latin.

Marinette eut bon nez, quoi qu'on en puisse dire,
De ne permettre rien un soir qu'on voulait rire.
Quelque autre, sous espoir de matrimonion,
Aurait ouvert l'oreille à la tentation ;
Mais moi, *nescio vos* (II, iv).

Cette citation a le double mérite de nous
montrer la science et l'honnêteté de Marinette.
Mais écoutons les deux amoureux lorsqu'ils
se déclarent leur passion : Gros-René appelle
Marinette « chère comète », Marinette quali-
fie Gros-René de « tison de sa flamme ». Se
querellent-ils ? Il n'est pas d'injure que Marinette n'adresse à Gros-René, qui de son côté
l'appelle « femelle inique » ou « crocodile
trompeur », Les maîtres, dans une de ces
subites brouilles d'amoureux que Molière
savait si bien provoquer et apaiser, se ren-
dent les menus cadeaux qu'ils ont pu se faire,

un bracelet, une agate, un portrait ; les serviteurs ne veulent pas être en reste, et se
restituent des ciseaux, un couteau, un nœud
de ruban, un demi-cent d'épingles ; et que
d'expressions vulgaires, de traits de mauvais
goût dont Marivaux saura si soigneusement
se garder !

> ....Ardez le beau museau,
> Pour nous donner envie encore de sa peau,

dit Marinette (IV, iv). Dorine ne parlera pas
autrement de Tartufe.

Puis, les deux serviteurs, toujours pour
imiter leurs maîtres, veulent se rendre leurs
lettres. Assurément, la correspondance d'un
valet qui cite Aristote et d'une soubrette qui
parle latin devait être fort intéressante ; les
citations devaient être nombreuses et choi-
sies ; mais nous voulons bien croire, sans
trop oser l'espérer, qu'elle n'était pas conçue
dans les mêmes termes que certaines de leurs
conversations.

MARINETTE

Je n'ai point maintenant de tes lettres sur moi ;
Mais j'en ferai du feu jusques à la dernière.

GROS-RENÉ

Et les tiennes, tu sais ce que j'en saurais faire.

(IV, IV).

N'insistons pas. Il y aurait mauvaise grâce
à comparer Molière à ses débuts, créateur de
ce qui devait être plus tard le marivaudage,
avec Marivaux en pleine possession de son
talent. Mais ce qui serait encore plus injuste,
ce serait de condamner ces scènes en partie
double comme l'a fait Voltaire à propos du
début du cinquième acte de la *Suite du Men-
teur*. « Ces scènes où les valets font l'amour
à l'imitation de leurs maîtres, sont enfin
proscrites du théâtre avec beaucoup de raison.
Ce n'est qu'une parodie basse et dégoûtante
des premiers personnages ». Les termes dont
se sert ici Voltaire ne sont guère plus galants
que ceux qu'il reproche aux valets de théâtre.
Si l'on songe d'autre part que le *Commentaire*

sur Corneille a paru en 1764, environ trente ans après les comédies de Marivaux qui font le sujet de cette étude, et si l'on considère que vingt ans plus tard Beaumarchais, au cinquième acte du *Mariage de Figaro*, recourra à des procédés analogues, on est en droit de conclure que le chambellan du roi de Prusse, en proscrivant ce genre de scènes et en disant qu'elles sont proscrites du théâtre, a commis à la fois une injustice et une inexactitude.

V

près avoir comparé la manière de Marivaux avec ce que nous appellerions
volontiers le marivaudage de Molière, si la
crainte de l'anachronisme n'était le commen-
cement de la prudence, nous devons nous
demander pourquoi Marivaux a donné à ses
soubrettes un caractère si peu sympathique,
en les présentant comme des jeunes filles
cupides, dissimulées, coquettes et peu délicates sur le choix des procédés. Nous trouverons peut-être une réponse à cette question,
si nous recherchons quelles ont été les idées
de Marivaux sur l'homme et sur la femme.

On a beaucoup parlé de la misanthropie
de Marivaux. M. de Lescure, dans son *Eloge
de Marivaux* couronné par l'Académie française en 1880, a fort bien exposé les motifs de
cette misanthropie. « Marivaux, pour avoir
sacrifié, comme tant d'autres, la certitude de
l'aisance à l'espérance de la fortune (à
l'époque du système de Law), perdit tout ce
qu'il possedait. C'est ainsi que, d'un intérieur
heureux, il tomba à un misanthropique iso-
lement ; que, d'une situation indépendante,
il passa à cette servitude dorée du courtisan,
à cette humiliation, si rude aux âmes fières,
de gravir l'escalier d'un maître et de manger
le pain étranger (¹) ; qu'enfin, du travail libre
pour lequel on aime à vivre, il en arriva à
cette nécessité, parfois si amère, de travailler
pour vivre » (²). Marivaux devint donc mi-

(¹) Ne considerons pas de trop pres la metaphore. Michelet,
dans son *Banquet*, n'a-t-il pas parle de ces « grosses vieilles mous-
taches grises, qui se tournent vers la muraille et se cachent les
yeux. » ?

(²) Page XXIV de l'Eloge placé en tête du *Théâtre choisi de
Marivaux.*

santhrope à la suite de revers de fortune, ce qui explique pourquoi l'argent joue un si grand rôle dans ses pièces, et il écrivit des comédies pour se consoler en amusant les autres, un peu comme Molière faisait rire le public aux dépens des infortunes de sa vie privée.

Mais est-ce bien de la misanthropie que nous trouvons dans le cœur de Marivaux ? Nous inclinerions plutôt à croire que c'est de la « misogynie » ; et ce qui nous étonne, c'est que M. de Lescure, qui etait bien près de faire cette constatation, se soit arrête à mi-chemin, après avoir reconnu que les caractères de pères sont admirables chez Marivaux. Nous savons déjà qu'il en est de même des valets. Par contre, Marivaux a gardé toutes ses sévérités pour le sexe féminin. Sans doute, nous ne voulons pas parler de ses jeunes filles, qui sont charmantes si l'on veut, mais un peu pâles, un peu irrésolues à côté de leurs soubrettes qui parlent et agissent pour elles ; nous faisons allusion aux caractères de

mères et aux caractéres des soubrettes. En ce
qui concerne ces dernières, M. de Lescure
n'a pas jugé utile de leur consacrer quelques
lignes ; mais il a nettement vu que les rôles
de mères sont représentés sous des couleurs
peu favorables. « Comme s'il avait eu à se
plaindre de sa mère, dont il ne parle jamais,
dit M. de Lescure, Marivaux ne flatte point
les mères de son théâtre. Il les peint unifor-
mément laides, vaines, impérieuses, avares,
entichees de préjugés. Il ne pare pas du
moindre rayon de coquetterie leurs maussa-
des et acariâtres personnes. Il a de la peine à
ne pas céder, quand il s'agit d'elles, à la tentation de la caricature » (¹). Il serait bon
toutefois de faire une exception en faveur de
Madame Argante, de la *Mère confidente*, dont
la tendresse à l'égard de sa fille ne se dément
jamais, dont la noble conduite à l'égard de
Dorante remplit de confusion le cœur du
jeune homme. Mais il est vrai que, d'une

(1) Page XXVII.

manière générale, Marivaux ne montre aucune sympathie pour les rôles de mères. Si
maintenant nous résumons le résultat de nos
recherches, nous trouvons que les caractères
de jeunes filles sont à éliminer : elles ne sont
ni bonnes ni mauvaises, elles sont ternes et
toutes semblables les unes aux autres; que
les pères et les valets de Marivaux sont les
meilleures gens du monde, que les mères
sont vaines et acariâtres, et les soubrettes
hypocrites, intéressées, d'une honnêteté peu
scrupuleuse. Or, Marivaux passe à bon droit
pour avoir connu merveilleusement le caractère féminin. M. de Lescure a bien montré
que Marivaux excelle et triomphe « quand il
s'agit de personnifier dans une jolie fille ou
une jolie femme les diverses variétés de l'in-
génuité ou de la coquetterie ». D'autre part,
le portrait de Marivaux, tel qu'il a été tracé
par Sainte-Beuve, semble un portrait de
femme. « Marivaux avait les goûts recherchés
que l'on conçoit de la part d'une organisation
si fine et si coquette, parure, propreté cu-

rieuse, friandise ; tout ce superflu lui était chose nécessaire » (¹). M. Faguet a poussé cette idée jusqu'à l'extrême limite. « Il n'y eut jamais d'esprit plus féminin, et par ses défauts et par ses dons. Il est femme, de cœur, d'intelligence, de manière et de style. Il l'etait, dit-on, de caractère, par sa sensibilité, sa susceptibilité très vive, une certaine timidité, l'absence d'energie et de persévérance » (²). Il dit que dans quatre ou cinq siècles on se demandera si Marivaux n'était point une femme d'esprit du XVIIIᵉ siècle, et il est enchanté de constater que la postérité s'est engouée « de cette coquette, de cette caillette, de cette petite baronne de Marivaux qui en savait bien long sur certaines choses, sans en avoir l'air ». De l'aveu de tous, Marivaux, en parlant des femmes, a donc parlé de ce qu'il connaissait le mieux. Son opinion n'en a que plus de valeur. Il est misogyne,

---

(1) *Causeries du Lundi*, IX, 378.
(2) *Etudes Litteraires*, XVIIIᵉ siecle, p 85.

non par affectation de mauvais goût, ni par ignorance du cœur féminin, ni par imitation des philosophes anciens (il ne connaissait ni le grec ni le latin) ; il est misogyne, parce qu'il est femme, parce qu'il sait, mieux que personne, à quoi s'en tenir sur le sexe qui au XVIIIe siècle dirigeait aussi bien la guerre que la diplomatie ; il est misogyne à la façon d'Euripide, qui mit sur la scène des caractères de femmes d'une délicatesse, d'une grâce et d'un charme inconcevables, tout en laissant transparaître, de loin en loin et malgré lui, ses véritables opinions sur un sexe qui l'attirait et l'effrayait tout ensemble. Il aime les femmes, mais ne les estime guère. Comme il les aime, il ne se lasse pas de les representer. tout en se faisant aussi peu d'illusions que Gros-René du *Dépit amoureux :*

La femme est toujours femme, et jamais ne sera
Que femme, tant qu'entier le monde durera.

Et comme il ne les estime pas, comme il pense que « la meilleure ne vaut pas le diable »;

il ne dissimule ni leurs ridicules ni leurs
vices. Sur ce point comme sur bien d'autres,
Marivaux rappelle Molière, — Molière qui,
lui aussi, a peint des jeunes filles un peu
effacées, des pères généralement bons, des
mères peu attrayantes, des femmes coquettes,
cupides, sottes ou méchantes.

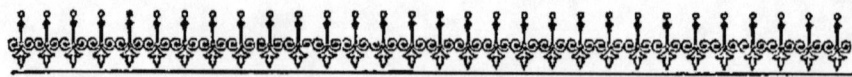

VI

Ce n'est pas seulement en mettant sur la scène des soubrettes hypocrites et intéressées que Marivaux a fait preuve d'originalité. L'importance seule du rôle qu'il leur attribue montre assez combien il s'écarte de ses devanciers.

Cette importance est extrême, et il ne serait pas paradoxal de soutenir que ce sont les soubrettes qui jouent le principal rôle dans ses pièces. Ce sont, en tous cas, les personnages les plus actifs, dans un théâtre où l'action est peu de chose. M. de Lescure a remarqué que les personnages de Marivaux parlent plus qu'ils n'agissent. C'est assez naturel. On sait que les seules luttes décrites par Marivaux sont celles de l'amour-propre contre l'amour, les luttes d'un amour qui s'ignore lui-même, qui a son obstacle en lui et dans son impuissance à se connaître ou à se faire entendre.

— Il en est de même, dira-t-on, dans certaines pièces de Molière, et Marivaux n'est pas le premier qui ait considéré les soubrettes comme les auxiliaires les plus zélés d'un amour qui se cache ou qui s'ignore. — Nous accorderons volontiers qu'il y a de délicieuses soubrettes dans le théâtre de Molière, mais la question est de savoir si elles sont réellement les auxiliaires de l'amour. Toutes les pièces de Molière, sans exception, nous mettent en présence d'un amour déjà né lors du lever du rideau. Quand la pièce commence, Cléonte est amoureux de Lucile, comme Horace est amoureux d'Agnès et Clitandre d'Henriette. Parfois, l'on veut bien nous expliquer dans quelles circonstances est née

leur inclination ; c'est à la promenade, c'est
au théâtre que les deux jeunes gens se sont
rencontrés et que l'amour, pour la première
fois, a fait battre leur cœur. Mais la cause
première de cet amour, un récit seul nous la
fait connaître, et nous voyons se dérouler sur
la scène une série d'incidents qui se terminent
par un mariage. Le rôle des soubrettes de Molière est donc seulement de soutenir un amour
déjà né et devenu grand garçon, pour employer une métaphore de Marivaux. Il en est
tout autrement chez ce dernier. C'est sous
nos yeux, en notre présence, que les heros
reçoivent les premières atteintes de l'amour.
Ils n'en savent rien eux-mêmes, ou ils s'effor-
cent de se dissimuler le tendré sentiment
qui les émeut ; ils tremblent de le voir dé-
voilé ; toute leur diplomatie consiste à se le
cacher à eux-mêmes, à le cacher aux autres et
surtout à celui ou à celle qui a su les troubler
si profondément. Toute l'action se passe dans
leur cœur, avec ses marches et ses contre-
marches, comme dit M. Faguet ; car l'amour,

tel que le conçoit Marivaux, contient sa comédie en lui-même, et n'a aucun besoin
d'obstacles extérieurs. En ce sens, on a eu
raison de dire que Marivaux n'a jamais peint
que l'aube de l'amour, l'amour en ses com-
mencements incertains et indécis. Et c'est ce
qui explique pourquoi il est si difficile de
parler de Marivaux sans employer des dimi-
nutifs mignards, des expressions enfantines,
sans répéter à tout instant le mot *petit*. Tout
est petit, tout est subtil, insaisissable, vapo-
reux dans un écrivain qui distille une larme
et volatilise la pensée, comme l'a dit Paul de
Saint-Victor. Craignons, en insistant trop,
d'ôter à ses mièvreries une partie de leur
grâce et de leur délicatesse. Héliogabale, dit-
on, éleva un mausolée aux Mânes d'une
coupe de cristal, pour éterniser le souvenir
des ivresses que cette coupe lui avait versées.
La comédie de Marivaux est fragile comme
le vase de l'empereur romain, et, comme
lui, elle verse le charme et l'oubli ; prenons
garde de la briser en y touchant, car nul

mausolée ne serait digne d'en consacrer la mémoire.

Swedenborg raconte qu'il vit un jour des Esprits de l'air causer et se comprendre en clignant simplement des yeux. Il en est un peu ainsi des amants de Marivaux; ils se comprennent sans se parler, et ils ne se parlent pas parce qu'ils s'ignorent. Alors même qu'ils ont pris conscience de leur amour, ils n'osent le laisser voir, et c'est malgré eux que s'échappe leur secret. Naguère encore simple ressort de la comédie, l'amour en est devenu le fond même, et quand les amoureux s'aperçoivent enfin qu'ils aiment, trois actes plus tard que le spectateur, c'est que nous sommes arrivés au dénoûment de la pièce, laquelle finit au moment où les autres comédies commencent.

Eh bien ! dans cette lutte qui se déroule tout entière dans le cœur du héros ou de l'héroïne, le rôle du valet ou de la soubrette nous semble digne de quelque attention. C'est la soubrette qui par ses allées et venues,

son agitation, ses démarches et ses intrigues
plus ou moins scrupuleuses, détermine sa
jeune maîtresse à lui confier un secret trop
pesant ; elle s'en sert ensuite, soit pour favoriser l'inclination qu'on vient de lui révéler,
soit pour la combattre au contraire, selon
que son intérêt personnel lui paraît l'exiger.
Lisette, dans la *Mère confidente*, prend sur
elle de donner des rendez-vous à Dorante au
nom d'Angélique, et quand Dorante se présente, elle lui dévoile les moindres pensées de
la jeune fille.

ANGÉLIQUE

Je ne vous attendais pas au moins, Dorante.

DORANTE

Je ne sais que trop que c'est à Lisette que
j'ai l'obligation de vous voir ici, Madame.

LISETTE

Je lui ai pourtant dit que vous viendriez.

ANGÉLIQUE

Oui ; elle vient de me l'apprendre tout à
l'heure.

LISETTE

Pas tant tout à l'heure.

Angélique rougit, mais Lisette se fait un malin plaisir d'augmenter sa confusion.

— Où est l'inconvénient de répéter des choses qui ne sont que louables ? Pourquoi ne saurait-il pas que vous êtes charmée que tout le monde l'aime et l'estime ? Y a-t-il du mal à lui dire que vous vous proposez de le venger de la fortune, à lui apprendre que la sienne vous le rend encore plus cher ? Il n'y a point à rougir d'une pareille façon de penser ; elle fait l'éloge de votre cœur (I, III).

On pense si Angélique, qui n'a jamais rien dit de pareil, est satisfaite d'entendre l'intarissable bavardage de sa soubrette ! Celle-ci, qui joint à une persuasive éloquence une imagination féconde, attribue à sa maîtresse un langage qu'elle-même a tenu. C'est, en effet, Lisette elle-même qui a dit à sa maîtresse : Vous êtes assez riche pour deux, vous pouvez épouser Dorante. Mais la jeune fille a un caractère si faible, si irrésolu, que la sou-

brette emploie tous les moyens susceptibles
de vaincre une timidité qu'elle ne comprend
pas. Il est probable que toutes ces indiscré-
tions causent quelque gêne à la jeune fille ;
elle se tait néanmoins. Comme on l'a fait remarquer, il suffirait souvent d'un seul mot
pour dénouer une situation. Mais ce mot, les
amants de Marivaux ne le prononcent pas ;
fort heureusement, s'il est difficile de les faire
parler, il est encore plus malaisé de faire taire
leurs soubrettes. Jupiter lui-même, qui im-
posait si volontiers silence à la prolixe Junon,
n'oserait tenter une pareille entreprise.

Une autre Lisette, celle du *Legs*, montre
moins de complaisance pour les amours de sa
maîtresse. Elle profite de l'ascendant qu'elle
a su acquérir sur la Comtesse pour combattre
l'inclination de celle-ci pour le Marquis ; elle
le ridiculise de son mieux, ce qui ne laisse
pas de causer quelque dépit à la Comtesse.

LISETTE

Non, Madame, c'est de l'amour qui regarde
vos appas ; il en a prononcé le mot sans bre-

douiller comme à l'ordinaire. C'est de la flamme... Il languit, il soupire.

LA COMTESSE

Est-il possible? Sur ce pied-là, je le plains, car ce n'est pas un étourdi ; il faut qu'il le sente, puisqu'il le dit ; et ce n'est pas de ces gens-là dont je me moque ; jamais leur amour n'est ridicule. Mais il n'osera m'en parler, n'est-ce pas ?

LISETTE

Oh ! ne craignez rien ; il ne s'y jouera pas. Je lui ai ôté toute espérance.

De fait, il n'y a pas de sa faute si le dénoûment n'est pas conforme à ses désirs.

On voit qu'il n'est pas tout à fait exact de dire, avec M. Doumic, que dans le théâtre de Marivaux il n'y a ni incidents ni péripéties, ou, avec M. Gazier, qu'il a pesé des riens dans des balances de toiles d'araignée. Il se déroule beaucoup de péripéties, au contraire, dans le cœur des héroïnes de Marivaux, et ses pièces sont loin d'être depourvues d'action ; seulement, si chez Molière on se de-

mande si l'avarice, ou l'égoïsme, ou la sotte
fierté d'un père, ou le pédantisme outre-
cuidant d'une mère mettront obstacle au
bonheur d'une jeune fille, dans Marivaux il
s'agit de savoir si les combinaisons favorables
ou hostiles d'une soubrette seront ou non cou-
ronnées de succès, selon qu'il lui aura plu de
seconder ou de contrarier l'inclination de sa
maîtresse. Dans les deux cas, l'avenir d'une
jeune fille est en jeu Trouve-t-on que la
question ainsi debattue ne mérite pas de nous
intéresser ? C'est estimer bien peu le bonheur
de nos enfants, c'est le considérer comme
chose bien futile, que de le vouloir peser
dans des balances de toile d'araignée.

Si l'on peut contester la valeur morale des
soubrettes de Marivaux, il nous semble donc
impossible de nier leur importance dramatique. Marivaux a employé ici un ressort tout
nouveau, dont Molière n'avait pas tiré tout le
parti possible, dont l'antiquité et le moyen-
âge n'avaient même pas soupçonné l'utilité.
On sait combien Marivaux tenait à passer

pour un esprit original. Il se consolait aisément de n'avoir pas appris les langues
anciennes, en songeant que son talent n'avait
subi aucune influence étrangère. « J'aime
mieux, disait-il, être assis sur le dernier banc
de la petite troupe des auteurs originaux
qu'orgueilleusement placé à la première ligne
dans le nombreux bétail des singes littéraires ». En affectant de n'être le disciple de
personne, ce qui d'ailleurs n'est guère possible, il revendiquait une gloire qu'on ne
peut guère lui contester, celle d'avoir inventé
un genre litteraire ; mais ce n'est pas là son
seul mérite : il ne s'est pas contenté de créer
un genre, il a créé aussi un personnage, un
personnage bien vivant et agissant, que Molière avait à peine entrevu, et que nul, avant
l'auteur du *Bourgeois gentilhomme*, ne s'était
avisé de mettre sur la scène.

La soubrette de Marivaux, en effet, est en
quelque sorte un produit du XVIIIe siècle,
avec ses salons où la plus vieille société cou-
doie les parvenus de la veille, où tous les

rangs sont presque confondus à la suite d'une catastrophe financière inouïe, où l'ignorance commence à rougir d'elle-même et se couvre d'un vernis d'érudition, grâce à la maîtresse de maison qui attire, écoute et applaudit, sans toujours les bien comprendre, des philosophes, mathématiciens, poètes ou aventuriers de toutes les nations. Tout ce petit monde, si digne d'être peint par Watteau, intrigue et s'agite, joue et se ruine, discute et dispute, et ne croit plus à rien, si ce n'est à l'esprit de Voltaire ou à la grandeur du roi de Prusse ; tout ce petit monde attend, sans cesser de sourire, le déluge final que la comtesse du Barry lui prédit, et se promet de ne disparaître dans la tourmente qu'après avoir danse une dernière pavane ou un menuet *in extremis*. Epoque trop décriée, après tout ; Madame de Pompadour, negociant dans sa petite maison de Babiole l'alliance autrichienne, fait trop oublier la duchesse de Châteauroux entraînant Louis XV jusqu'aux bords du Rhin, où il y a fort longtemps que

nous ne sommes allés. Siècle trop calomnié,
qui peut revendiquer l'un des plus beaux faits
d'armes de l'histoire du monde, trop vite
effacé par sept ans de revers. Monarque qui
nous a donné deux provinces : la Corse, juste
à temps pour que Napoléon pût naître Français et promener les trois couleurs dans dix
capitales européennes ; et la Lorraine, que
d'autres n'ont pas su garder. Il y a, dans cette
fin d'un monde, quelque chose de l'intérêt
qui s'attache au mourant dont le dernier souffle va s'exhaler. Quelles qu'aient été ses fautes
ou ses erreurs passées, on ne songe qu'à
l'imminence du dénoûment; et quand on
voit avec quelle insouciance ces hommes du
XVIII⁰ siècle gravissaient le volcan qui les
devait engloutir, on ne peut s'empêcher de
penser au gladiateur antique qui mourait en
souriant, la face tournée vers l'Empereur, et
de dire : « Ils n'ont pu prendre la vie au sérieux ; c'étaient vraiment des Français.

Si la soubrette de Marivaux est le produit
du XVIII⁰ siècle, avec sa grâce maniérée, son

élégante frivolité, ses allures sceptiques (on
chercherait en vain, dans les comédies de Marivaux, une allusion discrète au Dieu que Voltaire même reconnaissait), on ne s'étonnera
pas de ne trouver dans aucun théâtre, à
aucune époque de l'histoire, l'équivalent d'un
rôle qui ne convient à aucune autre société,
à aucun autre pays. Dans toute l'antiquité,
nous n'avons pu trouver qu'une seule pièce
dans laquelle une servante ait un caractère
rappelant, mais de fort loin, celui des soubrettes de Marivaux : c'est l'*Andrienne* de
Terence, dans laquelle une seule scène nous
semble digne d'être comparée aux meilleures
scènes du Terence français.

Simon, citoyen d'Athènes, a un fils, nom-
mé Pamphile. Ce jeune homme a une liaison
secrète avec une certaine Glycérie ; mais tout
le monde l'ignore, et un voisin, du nom de
Chrémès, veut lui donner en mariage sa fille
Philumène. Inutile d'ajouter que Pamphile
s'évertue à éviter cet hymen ; néanmoins,
comme son père lui impose ce mariage, com-

me Chrémès compte donner à sa fille une dot considérable, le jeune homme ne sait comment refuser sans exciter la colère paternelle ; un fidèle esclave, Dave, aussi fécond en ruses que l'ingénieux Ulysse, trouve le moyen de le tirer d'embarras et de déterminer Chrémès à reprendre sa parole. Glycérie vient, le jour même, d'avoir un enfant, et cela sur la scène, ou peu s'en faut. Par une faute de goût assez fréquente chez les anciens, les spectateurs ont même entendu les cris de la mère et ses supplications à Junon Lucine. Dave se rend chez elle pour enlever le nouveau-né et se concerter avec Mysis, la servante de Glycérie ; mais au moment où il tient l'enfant dans ses bras, Chrémès arrive. L'esclave, s'adressant alors à Mysis et faisant semblant de ne pas voir Chrémès, improvise une scène où la sincère indignation de la servante, qui est évidemment un peu naïve, le sert mieux que n'eût fait tout rôle étudié.

DAVE

Dépêche donc au plus tôt, pour avoir ensuite le temps de comprendre ce que je veux faire... Grands Dieux !

MYSIS

Qu'y a-t-il ?

DAVE

Voilà que survient le père de notre fiancé. Je renonce à notre premier plan.

MYSIS

Je ne sais ce que tu veux dire.

DAVE

J'aurai l'air d'arriver aussi dans cette direction, par la droite. Toi, aie bien soin de me donner la réplique qu'il faudra.

MYSIS

Je ne comprends rien à ton manège ; mais si nos services peuvent vous être bons à quelque chose, comme tu t'y connais mieux que moi, je resterai. Le ciel me garde d'être un obstacle à rien de ce qui vous accommode !

CHRÉMÈS, seul

J'ai disposé tout ce qui était nécessaire pour les noces de ma fille, et je reviens dire qu'on ait à l'aller chercher. Mais que vois-je ? En

vérité, c'est un enfant. (à Mysis) La femme !
est-ce vous qui l'avez déposé ?

MYSIS, cherchant Dave des yeux
Où est-il donc passé ?

CHRÉMÈS
Vous ne répondez pas ?

MYSIS, de même.
Point de Dave. Suis-je assez à plaindre !
Notre homme m'a planté là, et il a décampé.

Certes, les soubrettes de Marivaux n'auraient pas montré tant d'embarras. Leur langue était si leste, leur imagination si fertile,
qu'il était inutile de leur faire la leçon et de
leur indiquer d'avance les réponses à faire.

DAVE,
arrivant par le fond du théâtre, et faisant
semblant de ne pas apercevoir CHRÉMÈS.
Quel vacarme, grands Dieux ! quelle foule
sur la place ! comme on s'y querelle ! et puis,
combien les vivres sont chers ! (A part). Que
dirai-je encore ? Je ne trouve plus rien.

MYSIS, bas

Pourquoi, je t'en conjure, m'avoir laisse
seule ici ?

DAVE, haut

Voilà bien une autre histoire ! Holà !
Mysis, d'où est cet enfant ? par qui a-t-il été
apporté céans.

MYSIS, bas.

Perds-tu la tête ? est-ce à toi de me faire
cette question ?

DAVE

A qui le demanderai-je, puisque je ne vois
personne ici que toi ?

CHRÉMÈS, à part.

Je ne m'explique pas d'ou vient cet enfant.

DAVE

Vas-tu repondre quand je t'interroge ?

Il y a ici quelques longueurs : Dave, moins
expert que Frontin en matière de ruses, mul-
tiplie les questions, afin de se donner le temps
d'inventer une fourberie quelconque.

DAVE

Dépêche-toi d'enlever cet enfant d'auprès

de notre porte. (Bas). Ne bouge ; garde-toi
bien de t'en aller d'ici.

MYSIS

Le ciel te confonde ! Tu me mets au sup-
plice avec les frayeurs que tu me causes.

DAVE

Est-ce à toi que je parle, ou non ?

MYSIS

Que veux-tu de moi ?

DAVE

Tu le demandes encore ! Voyons : à qui est
l'enfant que tu as déposé là ? Réponds-moi.

MYSIS

Ne le sais-tu pas ?

DAVE

Laisse-là ce que je sais, et dis ce que je
demande.

MYSIS

Il est à vous autres.

DAVE

Qui, nous autres !

MYSIS

A Pamphile.

DAVE

Hein ! quoi ! à Pamphile ?

MYSIS

Eh bien ! n'est-il pas à lui ?

CHRÉMÈS, à part

J'ai eu raison d'éviter toujours ce mariage.

DAVE

O scélératesse que l'on ne saurait assez punir !

MYSIS

Pourquoi ces vociférations ?

DAVE

N'ai-je pas vu qu'on l'apportait hier chez vous, sur la brune ?

MYSIS

O l'effronté personnage !

DAVE

Rien n'est plus vrai. J'ai vu Canthara chargée d'un paquet sous ses vêtements.

MYSIS

Par bonheur, et j'en remercie le ciel, il y avait là quelques femmes de condition libre au moment où elle accouchait.

DAVE

feignant toujours de ne pas voir Chrémès.

Elle ne connaît certes pas l'homme qu'elle prétend ainsi tromper. « Chrémès, quand il aura vu un enfant déposé à sa porte, ne donnera point sa fille ». Eh bien, précisément, il ne la donnera que plus volontiers.

CHRÉMÈS, à part

Non, assurément, il ne la donnera pas.

DAVE, toujours de même.

Et maintenant, afin que tu n'en ignores, si tu n'enlèves pas le marmot, je vais le rouler au milieu de la rue, et je te ferai barboter avec lui dans la boue (*proovolvam, teque ibidem pervolvam in luto*) (1).

Naturellement, le mariage est rompu, comme est rompu le mariage de la Marquise et de Dorante dans les *Sincères*, quand Lisette et Frontin ont entrepris d'y mettre obstacle. Seulement, dans la grande scène qui nous montre le succès de leur complot

---

(1) *Andrienne*, 732-777, trad. Bétolaud.

(scène VII), Lisette donne la réplique à Frontin sans avoir besoin qu'on lui dicte ses réponses ; elle improvise avec autant d'esprit que d'à-propos ; elle sait feindre, Mysis ignore la dissimulation. Mysis n'a aucune habileté dans l'art de tromper son prochain ; nous en voyons deux raisons. D'abord, elle appartient à une société moins avancée. Ensuite elle est fille de Térence, et l'on sait avec quelle tendresse celui-ci décrivait ses caractères de femmes. Les belles-mères elles-mêmes devenaient chez lui des modèles de douceur et de bonté. Ne soyons pas surpris, dès lors, si Térence a donné à ses servantes toutes les qualités que le misogyne Marivaux devait refuser à ses soubrettes.

Il ne sera peut-être pas sans intérêt de rechercher pourquoi le théâtre de l'antiquité n'a pas connu les rôles de soubrettes, non plus que celui du moyen âge, qui pourtant n'est pas suspect de bienveillance à l'endroit du sexe féminin.

Les distances sociales étaient autrefois beaucoup plus considerables qu'on ne se l'imagine aujourd'hui. Entre l'esclave et le maître, il y avait plus qu'une différence de rang, il y avait presque une différence de race. L'esclave était un vaincu, ou un fils de vaincu, auquel on avait conservé la vie par intérêt,

pour tirer parti de son travail, bien plus que
par humanité. L'astuce et la perfidie des esclaves, même après leur affranchissement,
nous sont trop connues par l'histoire de
l'empire romain, pour qu'il soit utile d'invoquer le témoignage des poètes comiques
de l'antiquite. Il n'y a rien de commun entre
le maître et l'esclave ; seule, l'identité d'intérêt
peut accidentellement rapprocher deux êtres
que tout semble devoir séparer. L'esclave
fripon ne désire qu'une chose : se venger du
maître qui le maltraite et qui fournit à peine
à sa subsistance. Le fils de famille, de son
côté, n'a d'autre souci que de soutirer quelque
argent à son père, pour subvenir à l'entretien d'une courtisane. L'esclave et le jeune
homme, unis en principe par la communauté
d'intérêt, s'entendent donc à merveille, tant
que réussissent les ruses du premier, tant
que dure la passion du second. Mais que
l'imagination de l'esclave vienne à faiblir,
qu'une fourberie, laborieusement méditée et
organisée, vienne à échouer, les deux alliés

de naguère ne se ménagent plus ; l'esclave
maudit le maître, le maître rappelle à l'esclave
la bassesse de sa condition. Térence lui-même,
le plus poli, le plus délicat, le plus moderne
des comiques de l'antiquité, celui qui a le plus
d'affinités avec Marivaux (M. Faguet a dit que
celui-ci est notre Térence, un Térence un peu
attifé), l'auteur de l'*Andrienne* lui-même nous
montre bien les véritables sentiments du
jeune Grec vis-à-vis de son esclave, quand
l'échec d'une combinaison savante a ruiné
leurs espérances ; et pourtant, comme l'ont
remarqué MM. Jeanroy et Puech, dans le
théâtre de Térence les esclaves eux-mêmes
sont vertueux (¹). « Dave, que le vieux Simon
de l'*Andrienne* dépeint comme le plus re-
doutable des fourbes, nous apparaît comme
un excellent garçon, fort inoffensif, qu'on
voudrait même plus ingénieux à servir son
jeune maître ; on sent qu'il s'agite et se bat
les flancs pour justifier sa réputation ». Il n'en

---

(1) *Histoire de la littérature latine*, p. 48

est que plus curieux de noter la sévérité du jeune Pamphile à l'égard de l'esclave, quand il croit que le mariage si vivement redouté est devenu inévitable ; l'esclave est alors qualifié de *scelus*, de *furcifer* ; on le menace de tous les supplices réservés aux hommes de condition servile. Si Pamphile remet à plus tard l'exécution de sa vengeance, ce n'est pas parce qu'il conserve quelque affection pour Dave ; c'est parce qu'il n'a pas le temps de le châtier d'une manière exemplaire (1). Les exemples de ce genre abondent dans le théâtre ancien.

Chez Marivaux, il est certain que maître et valet, maîtresse et soubrette ne sont pas toujours d'accord ; mais il est rare qu'une jeune fille s'oublie jusqu'à blesser l'amour-propre de sa suivante en faisant allusion à la différence des rangs. Toutefois, la chose est faisable, comme dit le docteur Pancrace. Dans le *Jeu de l'amour et du hasard*, Silvia com-

---

(1) *Andrienne*, 600 oqq

mence à se sentir quelque inclination pour Dorante, mais comme celui-ci est déguisé en valet, elle n'ose s'avouer à elle-même une faiblesse qu'elle considère comme humiliante ; et comme Lisette vient à médire de Dorante, Silvia s'emporte contre sa soubrette en lui rappelant la distance qui les sépare.

SILVIA

Finissez vos portraits, on n'en a que faire. J'ai soin que ce valet me parle peu, et dans le peu qu'il m'a dit, il ne m'a jamais rien dit que de très sage.

LISETTE

Je crois qu'il est homme à vous avoir conté des histoires maladroites, pour faire briller son bel esprit.

SILVIA

Mon déguisement ne m'expose-t-il pas à m'entendre dire de jolies choses ! A qui en avez vous? D'où vous vient la manie d'imputer à ce garçon une répugnance à laquelle il n'a point de part? Car enfin, vous m'obligez à le justifier : il n'est pas question de le

brouiller avec son maître ni d'en faire un
fourbe, pour me faire une imbécile, moi qui
écoute ses histoires.

LISETTE

Oh! Madame, dès que vous le défendez sur
ce ton-là, et que cela va jusqu'à vous fâcher,
je n'ai plus rien à dire.

SILVIA

Dès que je le défends sur ce ton-là! Qu'est-
ce que le ton dont vous dites cela vous-même?
Qu'entendez-vous par ce discours? Que se
passe-t-il dans votre esprit?

LISETTE

Je dis, Madame, que je ne vous ai jamais
vue comme vous êtes, et que je ne conçois
rien à votre aigreur. Eh bien, si ce valet n'a
rien dit, à la bonne heure; il ne faut pas vous
emporter pour le justifier; je vous crois,
voilà qui est fini; je ne m'oppose pas à la
bonne opinion que vous en avez, moi.

SILVIA

Voyez-vous le mauvais esprit! comme elle

tourne les choses ! Je me sens dans une indignation .... qui .... va jusqu'aux larmes.

LISETTE

En quoi donc, Madame ? Quelle finesse
entendez-vous à ce que je dis ?

SILVIA

Moi, j'y entends finesse ! moi, je me querelle pour lui ! j'ai bonne opinion de lui !
Vous me manquez de respect jusque-là !
Bonne opinion, juste ciel ! bonne opinion !
Que faut-il que je réponde à cela ? Qu'est-ce
que cela veut dire ? A qui parlez-vous ? Qui
est-ce qui est à l'abri de ce qui m'arrive ? Où
en sommes-nous ([1]) ?

Les expressions, on le voit, sont fort adou-
cies, car Silvia est fille de bonne compagnie ;
et si elle se montre un peu hautaine, les
perfides allusions de cette effrontée de Lisette
lui sont une excuse. Mais cette scène est
peut-être unique dans le théâtre de Marivaux ;
ses héroïnes ne s'emportent pas facilement ;

---

(1) II, ix.

même quand elles se fâchent, leur colère se
traduit et s'exhale par une crise de larmes.
Les héroïnes de Molière, dont on a tant vanté
la douceur et la timidité, ne leur ressemblent
pas toujours sur ce point. Lucile, du *Dépit
amoureux*, ne regrette-t-elle pas d'être femme,
parce que son sexe l'empêche d'envoyer un
cartel (1) ?

Au XVIIIe siècle, le sentiment des distances
sociales s'était fort affaibli. Ceux mêmes qui
invoquaient le plus volontiers leurs titres et
leurs qualités, ou, si l'on veut, les titres et
les qualités de leurs ancêtres, n'étaient pas
bien convaincus de la légitimité de leurs
pretentions. C'est au point qu'une seule nuit
suffit pour renverser l'échafaudage de l'ancien
régime. Chaque pièce de Marivaux, ou peu
s'en faut, commence également par une nuit
du 4 août. Comme les maîtres et les serviteurs
se ressemblent singulièrement, ils n'ont pas
de peine à changer de rôle. L'esprit égalise

(1) III, ix.

toutes les conditions, a dit Duclos. Marivaux
a toujours beaucoup aimé ce genre de trans-
positions, soit dans ses romans, soit dans son
théâtre. On connaît assez son roman du
Paysan parvenu, qui d'ailleurs n'entre pas
dans le cadre de cette étude. On connaît
moins une petite pièce, intitulée l'*Ile des
Esclaves*, dans laquelle il a supposé une révolution entre les classes, les maîtres devenant
serviteurs et réciproquement. Ce genre de
saturnales n'était pas nouveau, car on en
retrouve de pareilles depuis les *Précieuses ridicules* jusqu'au *Mariage du Figaro*, en passant par *Crispin rival de son maître*. Du temps
de Marivaux surtout, les maîtres semblent
prendre si peu au sérieux leurs privilèges,
qu'ils sont toujours prêts à changer de costume avec leurs serviteurs. La distance qui
sépare deux classes jadis ennemies diminue
de jour en jour ; en même temps les caractères
s'égalisent, c'est une époque de nivellement
intellectuel et moral. Les grandes passions
s'affaiblissent et perdent de leur acuité tout

autant que de leur sincérité, et si Bossuet a
proclamé qu'au XVIIe siècle tout tendait au
vrai et au grand, on pourrait dire qu'au siècle
suivant tout tendait au faux et au petit. Dans
la *Mère confidente*, on voit un oncle et un
neveu qui briguent la main de la même jeune
fille et s'entendent à merveille : loin de s'é-
puiser en combinaisons perfides pour se
nuire reciproquement dans l'esprit d'Ange-
lique, ils vivent en bonne intelligence, et
l'oncle cède galamment sa place à son neveu
en lui assurant tout son bien. La même
comedie nous présente une mère et sa fille
dont les relations sont également fort ami-
cales. Tandis que les mères de theâtre, si
maltraitees en général par nos auteurs comiques, contrarient habituellement les penchants de leurs enfants, celle-ci est l'amie de
sa fille et obtient, par la confiance et la tendresse, plus que le respect de l'autorite maternelle n'aurait jamais su obtenir. D'aucuns
pourront même trouver que Marivaux est
allé un peu loin, et que le désir de montrer

le parfait accord de la mère et de la fille l'a
entraîne au-delà des limites des bienséances.
Angélique prend sa mère pour confidente de
de ses rendez-vous et de ses escapades ! Croit-
on que la dignite maternelle n'ait pas à souf-
frir de ces aveux ? Nous ne nous sentirons
pas le courage, cependant, d'adresser un
reproche à Marivaux à ce sujet. Ce misanthrope, tout comme un autre misanthrope
qui fut son contemporain, avait tant de bienveillance pour l'espèce humaine, que le spec-
tacle des rivalités et des jalousies de ce monde
lui semblait intolérable. Il les a bannies de
son théâtre, comme il les aurait voulu bannir
de la vie réelle, ou du moins il n'a depeint
que des rivalités de marionnettes ou des jalousies de poupées, comme l'autre s'est plu
à imaginer une Arcadie où l'homme fût exempt
de défauts. Peut-être même ne serait-il pas
inutile de rappeler que Marivaux a frayé la
route à Rousseau : quinze ans avant celui-ci,
il nous a montré un gentilhomme offrant
son nom à une servante. C'etait tout un

monde qui s'en allait ; les caractères les plus opposes, ceux dont la lutte avait défrayé le théâtre pendant plusieurs générations, s'effaçaient et se confondaient, en même temps que dans la société du temps, frivole et toujours prête à ouvrir ses rangs, les distinctions sociales perdaient chaque jour de leur prestige. En un mot, la révolution sociale précéda, expliqua et rendit possible la révolution politique. C'est, d'ailleurs, de cette seule manière que les revolutions politiques sont durables.

Est-il besoin d'ajouter que Marivaux nous semble avoir resumé et reproduit, aussi fidèlement que le théâtre le peut faire, l'image de son temps, de l'époque si curieuse où il a vécu? Aucun siecle n'a vu de plus grandes choses, et aucun n'a paru aussi peu soucieux des évènements qui se déroulaient sur la scène du monde. En politique comme en affaires, il n'apportait qu'une attention distraite à l'examen des plus sérieuses questions. Des caprices de femme bouleversaient les traditions

diplomatiques vieilles de plusieurs siècles, et
Madame de Pompadour, pour être agréable
à sa « cousine » Marie-Thérèse, envoyait des
armées françaises soutenir la cause de la
descendante des Habsbourg. Le XVIIIᵉ siècle
est un siècle à peu près exclusivement féminin,
et c'est pour cela que les œuvres de Marivaux,
du plus féminin de tous les hommes, en re-
flètent si fidèlement l'image. Les femmes
règnent alors dans les salons comme dans les
palais. En Russie, quatre czarines président
aux destinées de l'Empire. En France, des
favorites royales, dont plusieurs ont les défauts d'Elisabeth et de Catherine sans avoir
leurs qualités, mènent joyeusement le pays à
sa ruine. Dans les salons, ce sont également
les femmes qui gouvernent. C'est d'abord la
duchesse du Maine, qui, dès le début du
siècle, élève chapelle contre chapelle. Au moment où la cour de Versailles donne l'exemple
d'une austérité qui a semblé suspecte à quel-
ques-uns, au moment où elle est attristée à
la fois par les désastres de la guerre de suc-

cession d'Espagne et par les deuils de la
famille royale, la petite cour de Sceaux, où
trône la duchesse du Maine, ne songe qu'aux
fêtes et aux amusements. On y joue la comédie, et la duchesse ne dédaigne pas d'y
tenir un rôle. On peut alors prévoir, pour un
avenir peu éloigné, les divertissements moins
innocents du Luxembourg et du Palais-
Royal.

Voici ensuite le salon de la marquise de
Lambert, où se rencontrent le marquis de
Valincourt, le comte de Sainte-Aulaire, le
marquis d'Argenson, Marivaux, Terrasson,
Fontenelle, Mairan, l'abbé de Choisy, le
président Hénault, M. de Sacy ; celui de
Madame Geoffrin, rendez-vous préféré des
philosophes et des encyclopédistes, Diderot,
d'Alembert, Marmontel, d'Holbach ; celui de
Madame de Tencin, que Marivaux aimait à
fréquenter ; ceux de Madame du Deffand, de
Mademoiselle de Lespinasse, de Madame du
Boccage, de la marquise de Créqui, et combien
d'autres encore ! Comme le fait remarquer

Henri Martin, ces noms étrangement accouplés sont un indice caractéristique du relâchement et de la confusion de toutes choses. Rien de plus instructif que d'avoir à citer la respectable Madame de Lambert, à côté de l'intrigante, de la prostituée Tencin, « héritière indigne de cette Ninon qui, du moins, avait droit de se vanter d'être un honnête homme ».

Sans doute, il y avait eu des salons au XVIIe siècle, mais on ne s'y était guère occupé que de littérature, ou de fêtes, ou de conspirations. Après tout, conspirer, c'était encore faire de la politique, et l'on sait que la Fronde, dernière tentative, plus hardie et plus sérieuse qu'on ne croit, pour mettre obstacle à la marche de la monarchie vers l'absolutisme, fut une entreprise exclusivement féminine. Au XVIIIe siècle, les mêmes salons s'occupent à la fois de littérature, et de fêtes, et de conspirations. La duchesse du Maine, qui dans un « corps de poupée » nourrissait une énergie virile, tout en prêtant l'oreille aux confidences

galantes du duc de Richelieu ou aux vers du
jeune Arouet, complote avec Cellamare, l'am-
bassadeur d'Espagne, la chute du Régent ;
découverte, elle est enfermée au château de
Dijon, et son mari est emprisonné à Doullens,
tandis que Cellamare est reconduit à la fron-
tière d'Espagne. A la fin du siècle Mme Ro-
land termine sur l'échafaud une vie pleine
de promesses. Au milieu, Marie-Therèse,
« roi de Hongrie », avait étonné l'Europe
par sa constance et son courage indomptable,
et s'était montrée partout supérieure aux évènements. Et comme si l'Europe n'était pas
un champ assez vaste pour l'activité féminine,
dans l'Inde même une femme, la compagne
de Dupleix, Joanna Begum, faisait flotter le
drapeau fleurdelysé sur un territoire plus
étendu que la France.

Voilà pourquoi nul ne pouvait peindre,
mieux que Marivaux, les petites passions
d'une société où seule la Femme était reine.
Molière — le Molière des grandes pièces —
eût pu vivre dans n'importe quel siècle, il

eût été toujours Molière ; il eût composé, sans beaucoup de changements, *l'Avare, le Misanthrope* ou *l'Ecole des Femmes*. Marivaux ne pouvait venir qu'à l'époque où il a vécu, une époque dont il resume admirablement les petites qualités et les vices inconscients, — une époque où le *Vu tus post nummos* d'Horace était la devise à la mode, mais où l'on n'était pas encore incapable de se faire tuer pour une idée.

VIII

L a Femme occupe donc une place prépondérante dans la société du XVIIIe siècle, et c'est ce qui explique pourquoi les rôles de femmes, soubrettes ou maîtresses, sont dépeints avec tant de soin par Marivaux. Les anciens, nous l'avons vu, accordaient peu d'importance aux rôles de femmes dans leurs comédies comme dans leurs tragédies, et la suivante, en particulier, ne leur a jamais paru mériter une étude spéciale ; les distances sociales etaient alors trop grandes ; maîtres et esclaves ne croyaient pas appartenir à la même race ; de là, soit dit en passant, le peu d'importance de l'amour, tel que nous le concevons aujourd'hui, dans les pièces anciennes. Si l'homme libre meprise l'esclave, auquel il a jadis laissé la vie par commisération, et aussi un peu par interêt, il n'estime pas davantage la Femme, cet être inférieur, incomplet, arrêté dans son développement pour causer la perte des hommes et pour leur donner, dès cette vie, un avant-goût des châtiments du Tartare. Chose bizarre, plus nous remontons dans l'histoire de l'humanité, plus nous devrions nous rapprocher de l'unité primordiale du genre humain, plus les différences conventionnelles devraient s'effacer ; au contraire, nous nous trouvons en présence d'abîmes dont l'imagination la plus hardie ne saurait mesurer la profondeur. Ce sont partout des haines de classes, de castes, de races, comme s'il fallait admettre, avec Agassiz, la multiplicité des créations au lieu de l'origine commune de l'humanité.

Avec le Christianisme, la situation ne change pas : la Femme, dont les Pères de

l'Eglise ont tant médit, est considérée par
Saint-Jean-Chrysostome comme la porte du
diable. L'Ecriture déclare que Jonas était
plus en sûreté dans le ventre de la baleine
que Samson dans les bras de Dalila. On
aimait à rappeler la barbarie d'Herodiade
se faisant apporter la tête de Saint-Jean-
Baptiste qui, au désert, avait été respecté des
tigres et des lions ; ou bien encore la femme
de Marc-Antoine perçant la langue de Cicé-
ron. Les farces et les fableaux du temps se
plaisaient à reproduire le mot de l'Ecclésiaste :
de mille hommes j'en ai trouvé un bon, et de
toutes les femmes, pas une ; ou celui de
Platon, remerciant le ciel de trois choses :
de ce qu'il etait Grec et non barbare, de ce
qu'il était né homme et non bête, et de ce
qu'il était homme et non femme. On citait
volontiers une anecdote, rapportée par Plu-
tarque. Celui-ci dit qu'un Lacédémonien,
blâmé par ses amis d'avoir épousé une fort
petite femme, leur dit : « C'est un acte de
prudence que de choisir, de tous les maux, le

moindre et le plus petit ». Bref, dans toute la
littérature médiévale, qui continue fidèlement
la tradition antique, ce n'est qu'un long cri
de haine contre les femmes, et cette haine
est d'autant plus violente qu'elle est mélangée
de dépit, car nos aïeux disaient volontiers,
comme Aristophane : « Pas moyen de vivre
avec ces coquines, ni sans ces coquines ».

Les défauts qu'on leur reproche le plus,
aussi bien au moyen âge que dans l'antiquité
— et dans les temps modernes — sont d'abord
l'impossibilité de garder un secret. La Fon-
taine, dans une fable célèbre, n'a fait que
traduire, en le résumant après Abstemius,
Noel du Fail, Rabelais et bien d'autres, le
sentiment de tous les temps et de tous les
pays. Une anecdote d'Aulu-Gelle, moins
connue, n'est pas moins curieuse dans sa ma-
licieuse naïveté. Comme un jeune enfant, fils
d'un sénateur, revenait d'assister avec son
père à une séance du Sénat, sa mère l'im-
portuna pour savoir ce qui s'était passé.
Prudent, il répondit : « On agitera demain la

question de savoir s'il est plus utile à la
Republique qu'un homme ait deux femmes,
ou chaque femme deux maris ». La mère,
fort emue, raconte le secret à quelques amies;
chacune de celles-ci fait de même. Le lende-
main, la Curie est assiégée par une multitude
de femmes qui demandent à grands cris:
« Deux maris pour une femme! » Surprise
des Pères Conscrits en présence de cette
manifestation : l'enfant se lève et explique
tout. Le Sénat, ajoute Aulu-Gelle, ordonna
que les enfants ne viendraient plus au Sénat
avec leur père, excepte le jeune garçon qui
avait montré tant de discrétion et de malice.

Au moyen âge, le pape Jean XXII fut le
héros d'une aventure analogue, qui montra
une fois de plus combien il est difficile aux
femmes de garder un secret. Le pape etait
venu en France et logeait dans un couvent ;
l'abbesse lui demanda, pour ses compagnes,
le droit de se confesser elles-mêmes. Le pape
feignit de vouloir consulter les cardinaux et
donna une boîte à l'abbesse, en la priant de

la garder soigneusement fermée, et en lui
recommandant de ne la faire voir à personne.
L'abbesse, malgré sa promesse, montra la
boîte aux autres religieuses qui, fort intri-
guees, finirent par l'ouvrir. Il en sortit une
bergeronnette... Quand le pontife revint, il
demanda sa boîte, et, tout souriant, il fit remarquer aux religieuses que le secret de la
confession serait mal gardé par elles.

Dans notre théâtre moderne, les exemples
d'indiscrétion féminine et de bavardage abondent, — et il n'est pas nécessaire de rappeler
que Marton, des *Fausses confidences,* ne se
fait aucun scrupule d'ouvrir les lettres qui
ne lui sont pas destinées ; que Lisette, des
Sincères, après avoir déclare qu'elle est muet-
te, fait un interminable discours où elle dévoile les plus intimes secrets de sa maîtresse.
Il y a d'ailleurs longtemps qu'on ne cesse de
reprocher aux femmes leur tendance au bavardage. Les femmes, dit Euripide, devraient
vivre dans la compagnie d'animaux muets ;
de la sorte, elles ne pourraient parler à per-

sonne, ni entendre parler de personne. Au moyen âge, Aristote conquit tous les suffrages des hommes et ne régna pas moins sur les cœurs que sur les esprits, non pour avoir écrit, bien des siècles auparavant, la *Poétique* et la *Rhétorique*, mais pour avoir dit que le silence est l'ornement des femmes. C'est du moins ce que le précepteur de Philippe le Bel, Gilles de Rome ou Egidius, « doctor fundatissimus », trouve de plus admirable dans l'œuvre du philosophe de Stagyre.

Un autre défaut, fréquemment signale chez les femmes, c'est leur esprit autoritaire. Volontiers elles prendraient la direction de la famille ; d'aucuns disent même qu'autrefois c'étaient les femmes qui commandaient, tout comme dans beaucoup de familles actuelles, et les partisans du matriarcat invoquent sans se lasser l'exemple des Egyptiens, des Touareg et des Basques ; on va même jusqu'à rappeler que les hommes n'établirent pas sans lutte leur domination, puisque les femmes de l'Attique défendirent leurs privilèges les armes

à la main. Tenons-nous donc sur nos gardes ;
nous ne sommes que des usurpateurs, et l'on
sait que s'il est bon d'observer quelques mé-
nagements envers le tyran *ab exercitio*, comme
dit Hubert Languet, le tyran *absque titulo* ne
mérite aucune pitié.

La *Lysistrata* d'Aristophane, dont le titre
seul peut être cité ici, montre suffisamment
à quels excès se laisse aller le sexe féminin,
quand il veut résolument faire prévaloir sa
volonté. La *Farce du Cuvier*, au moyen âge,
nous donne une démonstration du même
genre, et finit par un traité de paix qui n'aura
sans doute pas plus de durée que les traités
internationaux. Les soubrettes de Marivaux
ne s'écartent pas de la tradition ; elles ont
volontiers la main leste ; elles le prennent
de très haut avec leur futur mari, et gourman-
dent gravement leur maîtresse ; tout porte à
croire que Lisette et Marton, après avoir été
des suivantes peu dociles, ne seront pas des
épouses très soumises ; Lépine et Arlequin,
pour établir leur autorité, seront peut-être

obliges d'en user à leur égard comme Jupiter
en usait a l'égard de Junon, au XVᵉ chant de
l'*Iliade*, un jour que l'acariâtre deesse se
montrait encore plus insupportable qu'à l'ordinaire dans son céleste ménage.

Ces soubrettes seront-elles fideles ? Nous
avons déja exprime quelques doutes au sujet
de leur fidelite à leur nouveau maître, et nous
avons vu qu'un mari prudent doit renoncer
à leurs services une fois l'union conclue Nous
ne pensons pas qu'elles soient capables d'être
des epouses honnêtes et dévouees. Sans
doute, leur honnêteté n'est pas douteuse tant
qu'elles ne sont pas mariees, mais on n'ignore
pas qu'il y a là, de leur part, un calcul : si
elles repoussent les tentatives de leurs galants, c'est que leur idéal, ou leur but, ou leur
intérêt, comme l'on voudra, est de conquérir
un mari. Encore savons-nous que leur vertu
n'est pas inébranlable, car l'une d'elles nous
avoue qu'en présence d'un homme bien fait
et de bonne mine, on peut fort bien se laisser
aller à se marier sans cérémonie. Les

soubrettes de notre théâtre classique n'ont d'ailleurs pas une idee très haute de leur propre vertu. Lisette, de l'*Amour médecin*, trouve tout naturel qu'une fille aime le mariage, car « les filles ne sont pas de marbre ». Mascarille, dans le *Dépit amoureux*, avait déjà dit qu'une fille n'est « ni caillou ni bois ». Aussi Gros-Rene, dans la même pièce, adresse-t-il à Marinette des conseils dont la forme peut paraître bizarre, mais qui montrent que sa confiance a des limites.

Ecoute : quand l'hymen aura joint nos deux peaux,
Je prétends qu'on soit sourde à tous les damoi-
[seaux (V, viii).

Quant au théâtre du Moyen âge et à celui de l'antiquité, on sait assez qu'ils ne cessent de reprocher aux femmes leur inconduite, qu'ils attribuent le plus souvent aux perfides conseils d'une suivante. Qu'on se rappelle l'Hippolyte d'Euripide et les célèbres imprécations qu'il adresse au sexe féminin ; il fait entendre à la nourrice de Phèdre de sévères paroles, qui semblent résumer le sentiment de l'antiquité sur les femmes en général et les suivantes en particulier. « O Jupiter, pourquoi as-tu produit à la lumière du soleil les femmes, cette funeste engeance, née pour le malheur des hommes ? Si tu voulais propager la race des mortels, tu n'aurais pas dû attribuer ce rôle aux femmes ; les hommes, en te consacrant dans tes temples de l'airain, du fer ou de l'or, auraient acheté de quoi engendrer une postérité, chacun en raison de la valeur de son offrande ; et, sans femmes, ils auraient vécu libres au sein de leurs demeures... Les femmes ne devraient pas avoir de servante qui les approche... Mais maintenant les femmes perverses forment de coupables projets au dedans, et les suivantes les produisent au dehors » (1). Telle est l'opinion de toute l'antiquité et, pourrait-on dire, celle du moyen âge ; les auteurs ne cessent d'accuser les femmes d'impudicité, et n'hesitent

---

(1) *Théâtre d'Euripide,* trad. Pessonneaux, I, 414 et 415.

pas à mettre sur la scène d'innommables indécences ; il en était encore ainsi à la veille du *Cid*.

Mais il est un défaut que les auteurs dramatiques reprochent avec encore plus de véhemence au sexe feminin : c'est l'hypocrisie. On dirait qu'à la rigueur ils pardonneraient la curiosité, le bavardage, l'inconduite même, parce que l'inconduite n'a qu'un temps. Le comte Almaviva, dans la *Mere coupable* (acte I, scenes I et II), fait entendre à cet egard des reflexions fort instructives, sinon edifiantes. Mais l'hypocrisie excite au plus haut degré leur indignation, car c'est un vice qui persiste toute la vie, et dont les consequences sont d'une incalculable durée. Nous savons déjà que Lisette, du *Legs*, s'oppose au mariage de la Comtesse par pur intérêt, en invoquant comme prétexte que sa maîtresse, une fois mariée, sera moins heureuse qu'auparavant ; nous avons vu également qu'une autre Lisette, dans la *Mère confidente*, est fort experte dans l'art de la dissimulation. De là les pré-

cautions multiples que prennent les hommes
pour découvrir les véritables sentiments de
leurs futures compagnes. La grande crainte
des personnages de théâtre, maîtres ou valets,
est que les femmes ne disent pas la vérité, et
qu'elles ne feignent des sentiments qui sont
loin de leur cœur.

L'intrigue du *Jeu de l'amour et du hasard*
n'a pas d'autre raison. Les jeunes gens n'ont
qu'une confiance médiocre dans la sincérité
des jeunes filles, et celles-ci n'ajoutent pas
plus de foi à leurs protestations. Toinette, du
Malade imaginaire, estime que « les grimaces
d'amour ressemblent fort à la vérite »; Eraste,
du *Dépit amoureux*, ne se fait pas une plus
haute idée de la franchise du sexe feminin,
car

...tout ce que d'ardeur font paraître les femmes
Parfois n'est qu'un beau voile à couvrir d'autres
[flammes.

Inutile d'ajouter que, si les deux sexes
manifestent une égale défiance, les femmes

l'emportent sur les hommes en fait de ruse
et de rouerie. Qu'on se rappelle avec quelle
aisance Suzanne se joue de ce pauvre Figaro,
qui pourtant déployait plus de ruse en un
jour que le rusé Ulysse en dix ans (¹). Sur ce
terrain, l'issue de la lutte ne saurait être
douteuse. La femme essaie de suppléer à la
force qui lui manque, par la duplicité et la
dissimulation, qui sont les armes ordinaires
de la faiblesse. Contre un pareil adversaire,
l'homme le plus avisé ne saurait engager la
bataille sans aller au devant d'une défaite
certaine ; et quand il est battu, il ne lui reste
qu'à s'écrier, avec le héros de Beaumarchais :
« Ah ! Figaro ! pends-toi ; tu n'as pas deviné
celui-là ».

Toujours est-il que l'importance croissante
des rôles de femmes dans le théâtre moderne
a eu pour effet immédiat de mettre en jeu un
ressort nouveau, à peu près inconnu de l'antiquité et du moyen âge. L'amour, qui avait

---

(1) *Mariage de Figaro*, V, viii.

eté absent de tant de pièces d'Eschyle, de
Sophocle et d'Euripide ; qui n'avait ete que
le tableau d'une passion sensuelle et gros-
sière chez Aristophane et chez Plaute, un peu
moins brutale chez Térence, l'amour n'a joue
qu'un rôle épisodique dans le théâtre de
Corneille; avec Racine et Molière, il tient
deja une plus grande place, mais il ne constitue jamais le fond et la matière du drame,
sauf peut-être dans *Berénice* Comme l'a
montre M. Faguet, c'est Marivaux qui a introduit l'amour dans la comedie française.
Une comedie nouvelle avait necessairement
des besoins nouveaux ; au milieu des intrigues
qui constituerent desormais la base des œuvres dramatiques, la presence d'une soubrette
devint indispensable. Elle remplaça à la fois
l'esclave antique, la fidele nourrice et le
confident traditionnel, empruntant à l'un la
ruse, l'effronterie, l'amour du lucre, aux
autres la complaisance inépuisable, que
d'interminables récits mettent si souvent à
l'épreuve. Comme chez Marivaux l'amour

est honnête et timide, comme il se dissimule et se combat lui-même, il faut que quelqu'un l'encourage et le contraigne à se produire au grand jour; ce rôle est dévolu aux suivantes, qui s'agitent et s'evertuent avec un zele intarissable; et quand le dénoûment arrive, elles peuvent croire, tout comme la mouche du coche, — mais avec plus de raison, — que c'est leur intervention qui a tout fait.

Tel est donc le rôle des soubrettes de Marivaux, rôle essentiellement actif, sinon sympathique et moral. Peut-être est-il permis de penser qu'elles le prennent trop au serieux, quand elles veulent bien consentir à seconder les amours de leurs maîtresses — ce qui leur arrive assez rarement. Les moyens qu'elles emploient alors ne sont pas à l'abri de toute critique, nous le savons; elles conforment trop souvent leur conduite à cette maxime essentiellement utilitaire, que la fin justifie les moyens; elles abusent volontiers de l'influence qu'elles ont sur leurs maîtresses pour leur faire commettre des actions indélicates.

Mais si, au lieu de favoriser les inclinations de leurs maîtresses, elles s'avisent de les contrarier, c'est bien pis. On imagine difficilement un esprit plus interessé, et partant moins intéressant, que celui des soubrettes du *Legs*, des *Fausses confidences* et des *Sinceres*, qui combattent nettement les penchants de leurs maîtresses ; et la soubrette du *Jeu de l'amour et du hasard*, qui montre moins de hardiesse mais agit pour son propre compte, n'est guere moins antipathique, à cause de son extrême suffisance. Quoi qu'il en soit, il y a la une multitude de nuances délicates et difficiles à saisir ; Marivaux, qui excellait à analyser le sentiment de l'amour, et qui connaissait les plus insondables mystères du cœur féminin, etait plus apte que tout autre à reproduire sur la scène ce qu'il y avait de capricieux, de léger et d'aérien dans les passionnettes de ses contemporains. « J'ai guetté dans le cœur humain, disait-il, toutes les niches différentes où peut se cacher l'amour, lorsqu'il craint de se montrer ». Peut-être d'aucuns estimeront-ils qu'il a poussé un peu loin ce goût de la recherche et de l'analyse. M. Taine a dit de Machiavel qu'il avait l'esprit chirurgical en politique. On pourrait dire de Marivaux qu'il a l'esprit chirurgical en psychologie.

Oserons-nous le dire en terminant ? La femme, la vraie femme, telle qu'elle nous apparaît pour la première fois dans le theâtre de Marivaux, est loin d'être sympathique. Ses défauts sont amoindris, atténues, parce qu'il a vecu à une époque où les grandes passions étaient chose rare, où les tons s'effaçaient et se confondaient ; mais ce sont bien les mêmes défauts que l'antiquité et le moyen âge ne se lassèrent jamais de signaler dans leur incessant requisitoire contre le sexe feminin. Certes, Marivaux ne connaissait ni l'antiquité, ni le moyen âge ; mais il connaissait les femmes, et c'est ce qui donne un poids considérable à l'opinion qu'il a portée sur elles.

Cette opinion s'explique aisément. Libertin comme un descendant des anciens Gaulois,

moqueur comme un conteur de fableaux,
sceptique et blase comme un gentilhomme
qui a traverse la Régence et qui a « soupé »
avec les roués de Philippe d'Orléans, il ne
pouvait se faire de la femme une idée bien
haute ; il la jugeait comme une puissance avec
laquelle la société du temps devait compter,
mais il n'avait pour elle qu'une estime limitee.
Les succès mondains qu'il remporta ne sont,
en effet, un mystère pour personne, et l'on
n'ignore pas que le meilleur moyen d'estimer peu les femmes, c'est de les trop frequen-
ter. Aussi se souciait-il assez peu de leurs
qualites intellectuelles ou morales. Son ideal
n'avait rien d'extrêmement poétique. Comme
le medecin Rondibilis, il pensait, sans doute,
que la femme est faite pour « la sociale de-
lectation » de l'homme, mais il aurait volontiers ajouté avec La Bruyère : « Il faut juger
des femmes depuis la chaussure jusqu'à la
coiffure exclusivement, à peu près comme on
mesure le poisson entre queue et tête ».

Si l'on en croit Athénée, le vieux Sophocle,

auquel on disait qu'Euripide haïssait les femmes, repondit : « Il les hait dans ses pièces,
mais il les adore dans le gynécée ». Nombreux
sont les misogynes dont on en pourrait dire
autant. — Voilà bien des raisons pour excuser ce que nous appelons la *misogynie* de
Marivaux. — Il est vrai; nous demandons
pour lui les circonstances atténuantes, en
invoquant la fameuse théorie de l'atavisme et
du milieu social, théorie qui remonte bien
plus haut que son contemporain Montesquieu,
puisqu'on la trouve dans Hippocrate et
Aristote. Qu'on ne s'y trompe pas, d'ailleurs :
Marivaux peut encore se défendre par d'autres
arguments. Il n'a pas menagé les femmes,
soit; mais c'est qu'il savait que, pour être lu
par elles, il n'est pas de meilleur moyen. Or,
c'était là son plus ardent désir, parce que
chez les femmes, comme on l'a dit, l'admira-
tion littéraire est une forme vague de l'amour.
De sorte qu'en médisant des femmes, il leur
rendait encore hommage.

Au surplus, l'auteur des *Fausses confidences*

n'a peut-être pas dit le dernier mot en fait de
psychologie feminine, et nous comprenons
bien que, malgré tout ce qui précède, beaucoup ne partageront pas notre opinion sur les
soubrettes de Marivaux. Beaucoup ne cesse-
ront pas de les admirer, de les aimer, de les
applaudir, parce qu'elles sont vraiment charmantes, avec leurs airs espiegles, leur grâce
manierée, leur bavardage frivole et pourtant
si necessaire à l'action. Il semble, quand on
voit ces miniatures s'agiter sur la scène,
qu'une de ces fees dont les exploits ont chaime
notre enfance, animant soudain un tableau
de Watteau, a mis tous les personnages en
mouvement; on se sent transporte comme
dans un songe, et l'on s'attend à les voir
reprendre leur immobilite première, dès
qu'un rayon de lumière blanchira au loin
l'horizon. Voilà pourquoi nous pardonnons
si volontiers aux héroines de Marivaux. Nous
sentons bien qu'elles n'appartiennent pas à
la vie réelle, que leur agitation est factice, et
que leurs petites imperfections morales sont

dues au talent magique d'un artiste, qui
aurait pu tout aussi bien les douer des plus
rares qualités, et qui ne prenait au sérieux ni
leurs petits vices ni leurs petites passions.
S'il en est ainsi, le moraliste doit se taire et
la critique est désarmée, car le plaisir que
Marivaux poursuivait en composant ses ou-
vrages dramatiques, nous le goûtons quelquefois, nous aussi, lorsque nous cédons au
caprice de notre imagination. Ne nous est-il
jamais arrivé de nous bercer de chimères et
de faire un voyage au pays des rêves?

« Une Fée, raconte Paul de Saint-Victor,
entrait, à minuit, dans la grande salle d'un
vieux château, tendue de tapisseries de haute
lice, où les bergers et les nymphes menaient
leurs idylles. L'automne des siècles avait
passé sur ce printemps de couleurs : le ciel
jaunissait, les nuages s'effilochaient en flo-
cons : les arbres craquaient dans leur écorce
brodée ; les figures elles-mêmes commen-

çaient à décroître et à s'effacer. Leurs yeux n'etaient que des tâches luisantes ; leur sourire, eclairci, rentrait dans l'étoffe ; les gestes ne tenaient plus qu'à un fil, les traits à une nuance, la forme à un contour déjà entame et presque déteint. Tous ces frêles personnages, decomposés, maille à maille, laissaient transparaître leur vide interieur. Encore quelques jours, et leur existence fictive allait s'évanouir...

« La Fee touchait de sa baguette cette fantasmagorie pâlissante, et une vie magique la ranimait subitement. Le ciel se teignait d'un nouvel azur, les nuages reprenaient leur souffle aérien, les oiseaux chantaient dans les rameaux reverdis ; la couleur, circulant dans le tissu flétri, ressuscitait ces fantômes. L'arc vibrait sous les doigts des nymphes ; les flûtes résonnaient entre les lèvres des bergers ; un murmure de falbalas et de voix lointaines remplissait la toile. On entendait battre les ailes de l'Amour.

« C'est le miracle qui se fait, à chaque

reprise, dans ces comédies de Marivaux, aussi fanées aujourd'hui que les tapisseries du vieux temps. Elle n'est plus, cette société voluptueuse, dont il a fixé, dans un style d'argent et de soie, l'éclat fugitif. Ses personnages nous sont devenus aussi étrangers que pourraient l'être les habitants de la planète de Venus ... Cependant, que la scène ravive cet Eldorado de la galanterie, et le charme opère, et le sortilège s'accomplit ! Sous ces figures de camaïeu, court le frémissement de la vie. Nous nous reprenons à aimer ce monde précieux, ces mœurs langoureuses, cette métaphysique délicate, ces tendres amants et ces douces jeunes femmes, dont les amours subtils font penser aux mariages des fleurs et à leurs échanges de parfums ».

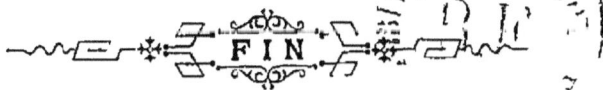

FIN

BARCELONNETTE. – IMPRIMERIE A. ASTOIN.